全国 天皇家ゆかりの神社・お寺めぐり

日本宗教史研究家　渋谷申博

筥崎宮

GB

巻頭写真特集

平成から令和へ

――お代替わり前後の上皇・上皇后両陛下と天皇・皇后両陛下

平成31年(2019)4月18日

譲位の報告のため伊勢神宮を参拝されたのち、近鉄宇治山田駅に集まった人たちに手を振る天皇(現・上皇)・皇后(現・上皇后)両陛下。

写真提供:朝日新聞社

天皇・皇后としての最後のお務め――

約30年の長きにわたりご公務に邁進されてきた上皇陛下と美智子さまは、202年ぶりの譲位により上皇と上皇后になられた。

平成31年(2019)4月30日
平成最後の日に、皇居・賢所にて「退位礼当日賢所大前の儀」に臨まれる天皇(現・上皇)陛下。
写真提供:朝日新聞社

平成31年(2019)4月30日
皇居・宮殿、松の間で行われた「退位礼正殿の儀」でおことばを述べられる天皇(現・上皇)陛下。手前は美智子さま、奥は皇太子さま(現・天皇陛下)と雅子さま。
写真提供:朝日新聞社

令和元年（2019）10月22日

宮殿・松の間で行われた「即位礼正殿の儀」で、御座所である高御座《たかみくら》からご即位のおことばを宣明される天皇陛下と雅子さま。

写真提供：朝日新聞社

令和元年（2019）5月1日

皇居・宮殿、松の間にて行われた「剣璽等承継の儀」に臨まれた天皇陛下と、皇嗣となられた秋篠宮さま。

写真提供：朝日新聞社

皇位継承式典と新たな時代の幕開け

**令和の今上天皇・皇后となられた徳仁天皇と雅子さま。
日本と世界の平和を祈りつつ、お二人ならではの皇室外交で
新たな時代を築かれるお二人——。**

令和元年(2019)11月10日

即位を祝うパレードでオープンカーから沿道の人々に手を振られる天皇陛下と雅子さま。東京都千代田区の祝田橋《いわいだばし》にて。

写真提供:日刊スポーツ

はじめに

日本の歴史を概観した時、そこに天皇という存在が背骨のように貫いているのが見える。日本人にとっては、当たり前だが、実は希有なことだ。

たとえば、中国は日本より長い王朝の歴史を有しているが、それらは何度も断絶して異なった王朝に入れ替わっている。漢民族以外の王朝となったことも何度かある。

もちろん日本においても天皇が存在する「意味」は時代ごとに変化してきた。日本の政治や文化、暮らしも、それに応じて変化してきたのだが、天皇は政治のみならず宗教界においても君臨する存在であり、神社・寺院は時代の影響と変化をより強く受けることになった。したがって、天皇家を抜きにして神社・お寺の歴史を語ることはできない。

その一方で天皇個人の祈りが特定の神社・寺院でなされることもあった。そこでは皇位という唯一無二の地位の重さゆえの苦悩や悲しみ、願いが吐露されることもあったであろう。神社・寺院の歴史を詳細に調べていくと、天皇の意外な姿を垣間見ることも少なくない。

本書はそうした天皇家と社寺の歴史が概観できるよう、各時代の代表的な社寺を網羅したものである。新元号で迎えたこの春、ぜひ天皇家ゆかりの社寺をめぐる旅に出てもらいたい。きっとなにか発見があるはずだ。

令和元年　12月吉日

渋谷申博

皇祖神である天照《あまてらす》大《おお》御《み》神《かみ》を祀る伊勢神宮内宮《ないくう》(皇大神宮《こうたいじんぐう》)。
内宮へのお参りは、この宇治橋《うじばし》の前で一礼することから始まる。

全国天皇家ゆかりの神社・お寺めぐり 目次

第四章 王朝時代と古代の終焉

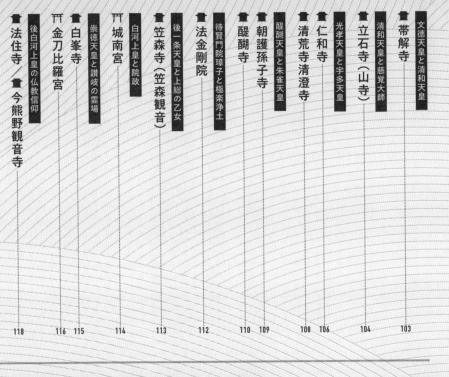

データ欄とアイコンの見方

① 明治《めいじ》神宮《じんぐう》

② 明治天皇、昭憲皇太后
③ 東京都渋谷区代々木神園町1-1
④ 03-3379-5511
⑤ JR原宿駅より徒歩約1分、または東京メトロ明治神宮前〈原宿〉駅より徒歩約1分

① （神社） （お寺）
神社またはお寺の名称

② 御祭神（神社の場合）
本尊（お寺の場合）

③ 所在時

④ 電話番号（問い合わせ先）

⑤ 交通アクセス

※お寺の名称は、各紹介ページの「見出し」で通称を、「データ欄」で正式名称を記載しています（ただし、掲載寺院の要望などにより上記に準じていない場合もあります）。

※交通アクセスは鉄道駅から徒歩やバスなどで行く場合の最短、あるいはそれに準じるコースを想定したものです。あくまでもアクセス方法の一部であることをご了承ください。

※本書の情報は2020年1月現在のものです。

第一章

日本神話と天皇家

国土を生んだ二神と、
皇祖神である天照大御神、そして初代神武天皇へ。
神代から人代へ、天皇家ゆかりの聖地をめぐる――。

第一章の時代背景

日本神話と神社の起源

神代《かみよ》、初代神武《じんむ》天皇〜第9代開化《かいか》天皇

『義士四十七圖 第2帖 月耕隨筆』(国立国会図書館蔵)より「伊邪那岐伊邪那美二神立天浮橋図」。

天地の始まりとイザナキ・イザナミの国生み

『古事記《こじき》』『日本書紀《にほんしょき》』は天地の始まりからその神話を語り始めている。最初に登場した神々の名前は異なっているが、最初の神々は天上の世界(高天原《たかまのはら》)に住んでいること、その中のイザナキ・イザナミの2神が、まだどろどろだった地上に国土を生みに降下してくるという点では共通している。

2神は海中の塩で作った小さな島で結婚し、大八島《おおやしま》と呼ばれることになる国土を次々と生んでいった。続いて神々も生んでいくが、火の神を生んだことによりイザナミは火傷で死んでしまう。

黄泉国《よみのくに》訪問とアマテラスの誕生、天の石屋戸神話

イザナミのことが忘れられないイザナキは黄泉国（地下の死者の国）まで迎えに行くが、見てはならないと言われたイザナミの真の姿を見てしまい、その恐ろしさに逃げ出してしまう。イザナキは黄泉国で穢《けが》れてしまった体を清めるため海で禊《みそぎ》を行うが、この時にアマテラス・ツクヨミ・スサノオが誕生する。

素晴らしい神々の誕生を喜んだイザナキは、アマテラスには天上、ツクヨミには夜の世界、スサノオには海の統治を委ねるが、スサノオは泣いてばかりなのでイザナキは根の国に追放とする。

スサノオはアマテラスに別れの挨拶をしに高天原へ赴くが乱暴狼藉をはたらいてしまい、アマテラスは天の石屋戸に籠もってしまう。

『日本建国物語』（国立国会図書館蔵）より羽石弘志画「天孫降臨」。瓊瓊杵尊《ににぎのみこと》は、天児屋命《あめのこやねのみこと》、布刀玉命《ふとだまのみこと》、天宇受命《あめのうずめ》ら五柱の神（五《いつ》伴緒神《とものおのかみ》）を従えて高千穂《たかちほの》峰《みね》に降臨したと伝わる。

『少年日本歴史読本 第四編』(国立国会図書館蔵)より神武天皇の挿絵。神武東征の際、敵の長髄彦の軍は神武天皇の弓の先に泊まった金鵄(金色のトビ)の光に目がくらみ降参したと伝わる。

出雲《いずも》を舞台にした神話の数々

なんとか天の石屋戸からアマテラスを誘い出した神々は、スサノオの責任を追及し高天原から追放した。出雲に降下したスサノオはヤマタノオロチを退治し、生け贄にされるところだったクシナダヒメを妃に迎えた。

スサノオの子孫からオオクニヌシが登場し、地上の神々の王となる。オオクニヌシはスクナビコナとともに地上の開発(国造り)に励むが、アマテラスは地上にも自分の統治権が及ぶと考え、使者を派遣してオオクニヌシに国譲りを迫る。

最初の2使者は懐柔してしまったオオクニヌシだが、武神のタケミカヅチが派遣されるのに及んで、立派な宮(自分を祀る神社)の建設を条件に国譲りを承諾する。これが出雲大社《いづもおおやしろ》の起源とされる。

『伊勢大神宮遷御之図』(国立国会図書館蔵)。伊勢神宮では20年に一度、社殿のみならず御神宝や御装束までが一新される。この「式年遷宮」には、神宮が20年に一度若返るという「常若《とこわか》」の精神が込められている。

日向《ひむか》三代と神武《じんむ》天皇の即位
謎の欠史八代

アマテラスは孫のニニギに地上の統治を委ね降下を命じた。そして、三種の神器を託し、そのうちの鏡を自分だと思って祀るよう言う。この鏡はのちに倭比売《やまとひめ》によって伊勢に運ばれ伊勢神宮の創建につながる(垂仁《すいにん》天皇の御代《みよ》のこと)。

筑紫《ちくし》(九州)の日向に降下したニニギは、山の神の娘・コノハナノサクヤビメを妃に迎え、ヒコホホデミなどの子を得る。ヒコホホデミはなくした兄の釣り針を探しに海神《わたつみ》の宮に行きトヨタマビメと結ばれる。その子、ウガヤフキアエズも海神の娘・タマヨリビメを妃に迎える。

ウガヤフキアエズの御子《みこ》・カムヤマトイワレビコは東に軍を進め大和《やまと》で即位する。これが初代神武天皇である。この後の8代の天皇は事績が伝わらない。

伊弉諾神宮《いざなぎじんぐう》

←大鳥居は花崗岩製で高さ27尺（約8メートル）。神明《しんめい》鳥居としては最大級。阪神淡路大震災後、寄進により再建された。

↑拝殿。この奥の本殿は幕末まで御陵の前に建てられていたが、明治初年に国費で御陵を整備し、墳丘上に社殿が建てられた。

伊弉諾大神《いざなぎのおおかみ》の幽宮《かくりのみや》の上に鎮座する淡路国《あわじのくに》一宮

『日本書紀』によれば、伊弉諾大神は国生み・神生みの偉業を終えられて、淡路の洲《くに》に幽宮（余生を過ごした場所）を建ててお隠れになったという。伊弉諾神宮は大神を讃えるため、その御住居跡の前に創建された。

もともと淡路は伊弉諾大神・伊弉冉大《いざなみのおお》神《かみ》が国生みを始めたところであり、こうした由緒から淡路国一宮にも選ばれている。地元では「いっくさん」と呼ばれ、親しまれてきた。

伊弉諾神宮《いざなぎじんぐう》

- 伊弉諾尊、伊弉冉尊
- 兵庫県淡路市多賀740
- 0799-80-5001
- JR舞子駅より高速バス約40分「伊弉諾神宮前」下車、徒歩約4分

多賀大社《たがたいしゃ》

神門越しに拝殿を望む。檜皮葺《ひわだぶき》の拝殿・幣殿・本殿の屋根の重なりが美しい。各社殿は回廊でつながれており、平安時代を思わせる雅さがある。

お多賀様へは月参りと親しまれた湖東の古社

『古事記』によると、日本の国土や神々を生んだ伊邪那岐大神《いざなぎのおおかみ》と伊邪那美大神《いざなみのおおかみ》は、「淡海《おうみ》の多賀」に鎮まられたという。これは「近江《おうみ》の多賀」の意だとされ、当社の起源を示すものとされる。鎌倉時代には犬上《いぬかみ》郡の総鎮守とされた。東大寺の再建を託された俊乗坊重源《しゅんじょうぼうちょうげん》も当社で長寿を祈願している。

近世には庶民にも信仰が広まり、「お伊勢七度、熊野へ三度、お多賀様へは月参り」と謡われた。

多賀大社《たがたいしゃ》

- 伊邪那岐命、伊邪那美命
- 滋賀県犬上郡多賀町多賀604
- 0749-48-1101
- JR・近江鉄道多賀大社前駅より徒歩約10分

皇室の祖神・天照大御神

伊勢神宮《いせじんぐう》

内宮の表参道。御手洗《みたらし》場付近から第二鳥居を望む。創建の頃から変わらないのではないかと思える荘厳な雰囲気に身が引き締まる。

天照大御神《あまてらすおおみかみ》にふさわしい鎮座地を求めて創建された

実は「伊勢神宮」というのは通称である。正しくは「神宮《じんぐう》」という。この神宮は、天照大御神を祀る皇大神宮《こうたいじんぐう》（内宮《ないくう》）と豊受大御神《とようけのおおみかみ》を祀る豊受大神宮《とようけだいじんぐう》（外宮《げくう》）、それに14所の別宮《べつぐう》、43所の摂社《せっしゃ》、24所の末社《まっしゃ》、42所の所管社《しょかんしゃ》からなっている。

その起源は天照大御神の天の岩屋戸隠れにさかのぼる。この時に天照大御神を岩屋戸から誘い出すために作られた御神宝《ごしんぽう》の一つが八咫鏡《やたのかがみ》であった。八咫鏡は天照大御神から瓊瓊杵尊《ににぎのみこと》へ「私を見るがごとくに祀れ」という神勅とともに授けられ、地上へともたらされた。

歴代天皇もこの神勅に従って八咫鏡を宮中で祀ってきたのだが、第10代崇神《すじん》天皇の御代に宮中の外で祀るのがよいということになり、ひとまず大和の笠縫邑《かさぬいむら》に遷座《せんざ》した。『日本書紀』によると、次の垂仁《すいにん》天皇の御代に天照大御神の奉仕役となった倭姫命《やまとひめのみこと》は、大御神の鎮座地にふさ

内宮の宇治橋《うじばし》。五十鈴川《いすずがわ》に架かる長さ約102メートルの木橋。
内宮参拝はここより始まる。

伊勢神宮（内宮）の御祭神

内宮のご祭神は、正式には天照坐皇大御神《あまてらしますすめおおみかみ》と表記する。この神名はお祭りの際に畏《かしこ》まって称える名称で、通常は皇大御神《すめおおみかみ》や天《あま》照大御神《てらすおおみかみ》と呼ばれる。神宮の参拝は、まず外宮にお参りし、その後、内宮へとお参りするのが古くからの習わしである。外宮に祀られる豊受大御神《とようけのおおみかみ》は衣食住を司る神とされ、このことから広く産業の守護神とされてきた。

『少年少女日本建国物語』（国立国会図書館蔵）より「皇祖天照大神孫瓊瓊杵尊ニ三種ノ神器ヲ授ケ給フ図」。内宮の御神体は、瓊瓊杵尊の天孫降臨の際に授けられた三種の神器の一つ、八咫鏡とされる。

写真提供：伊勢志摩観光コンベンション機構

わしいところを求めて各地をめぐって伊勢に至ったという。

以来、伊勢神宮は皇祖神を祀る場所として皇室の尊崇を受け、後醍醐天皇の時代までは代々皇女が斎王《さいおう》として奉仕した。

写真提供：伊勢志摩観光コンベンション機構

内宮御正宮《ごしょうぐう》。伊勢神宮の御正殿を模した社殿建築を神明造《しんめいづくり》というが、その原点という意味で唯一神名造と呼ばれる。

全国の神社の本宗たる伊勢の大神宮

倭姫命が八咫鏡を奉じて伊勢に至った時、天照大御神はこう言われたという。「伊勢国は常世《とこよ》の浪の重波帰《しきなみよ》する国なり。傍国《かたくに》の可怜《うま》し国なり。この国に居らむと欲《おも》う」（伊勢の国は常世の国から波がしきりに打ち寄せる国だ。地方の美しい国だ。この国に居たいと思う）

伊勢に鎮座される前、八咫鏡は丹波《たんば》に運ばれたことがあった。この地で天照大御神の神霊を饗応したのが豊受大御神であった。第21代雄略《ゆうりゃく》天皇の御代に天照大御神の託宣があり、丹波から豊受大御神を迎えたのが外宮の始まりとされる。

当初、伊勢神宮は御師《おんし》と呼ばれる神職の活躍により全国に伊勢の信仰が広まり、江戸時代には伊勢参宮が大ブームとなった。

なお、伊勢神宮の神職は8回の深い礼ののち拍手を8回する「八度拝八開手」と呼ばれる古来の作法を今も行っている。

皇大神宮（内宮）境内図

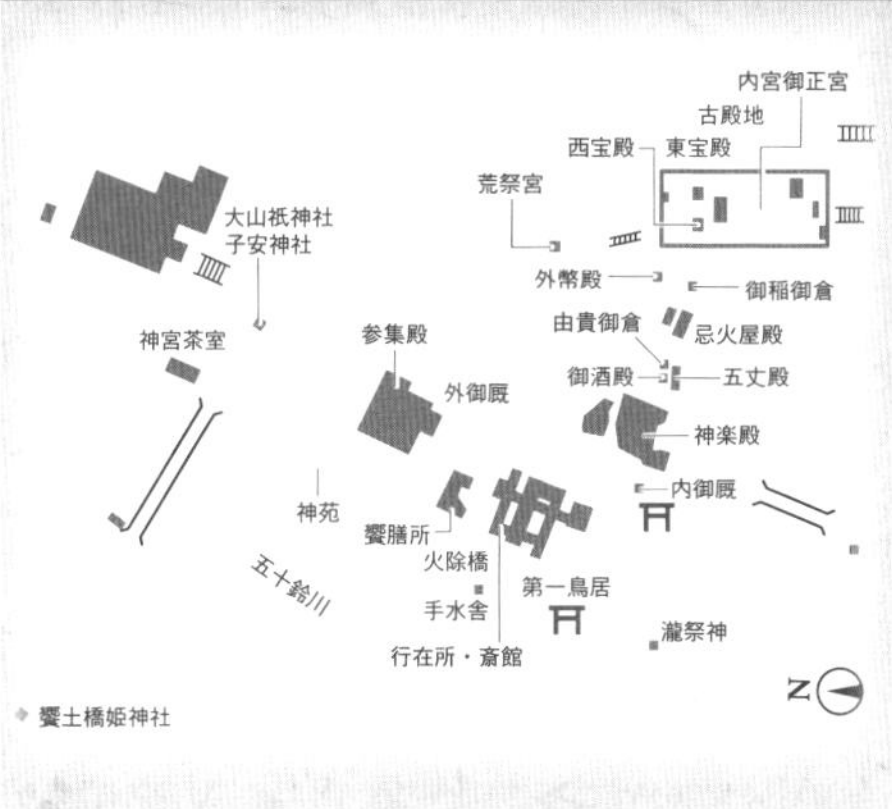

豊受大神宮（外宮）境内図

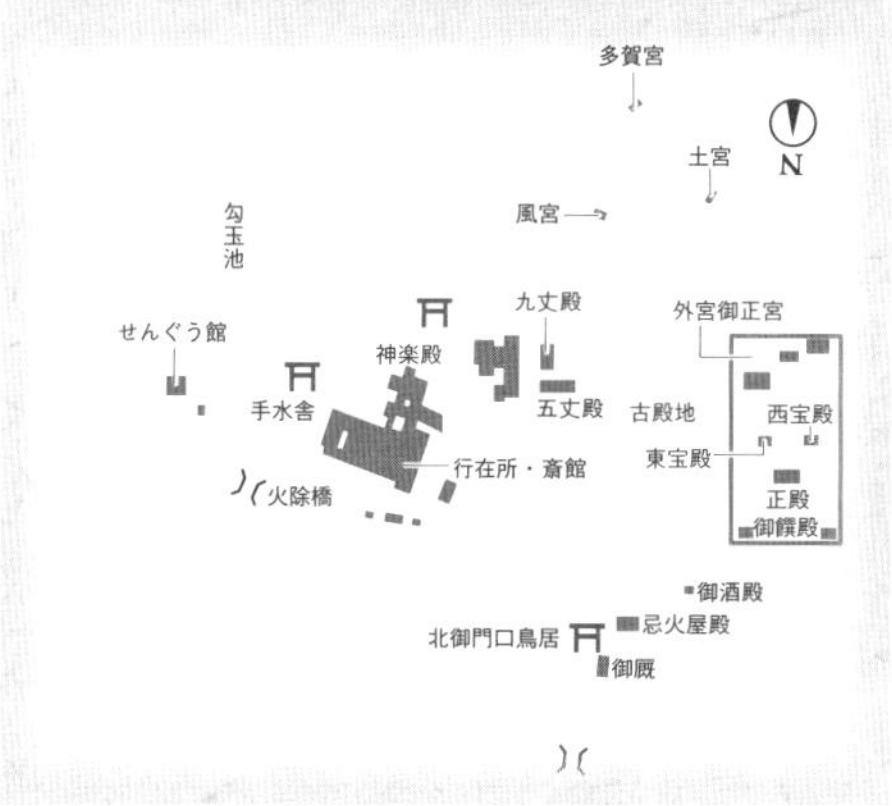

写真提供：伊勢志摩観光コンベンション機構

外宮御正宮。一般神社の本殿にあたる御正殿の形式は内宮と同じだが、異なる点がいくつかある。一例としては屋根の両端につけられている千木《ちぎ》の先端の切り方と、屋根の上に載せられている鰹木《かつおぎ》の数である。

内宮の荒祭宮《あらまつりのみや》。天照大御神の荒御魂（活発な働きをする御霊）を祀る。内宮の別宮の中でも一番の格式があり、社殿の大きさも御正殿に次ぐ。

写真提供：伊勢志摩観光コンベンション機構

倭姫宮《やまとひめのみや》。倭姫命を祀る。内宮と外宮の中間付近に鎮座する内宮の別宮。大正12年（1923）創建という神宮では最も新しい社。

⛩ 皇大神宮《こうたいじんぐう》（内宮《ないくう》）

- 天照大御神
- 三重県伊勢市宇治館町1
- 0596-24-1111（神宮司庁）
- JR・近鉄伊勢市駅よりバス約20分「内宮前」下車すぐ、または近鉄五十鈴川駅より徒歩約30分

⛩ 豊受大神宮《とようけだいじんぐう》（外宮《げくう》）

- 豊受大御神
- 三重県伊勢市豊川町279
- 0596-24-1111（神宮司庁）
- JR・近鉄伊勢市駅よりバス約3分「外宮前」下車すぐ

霧島神宮

きりしまじんぐう

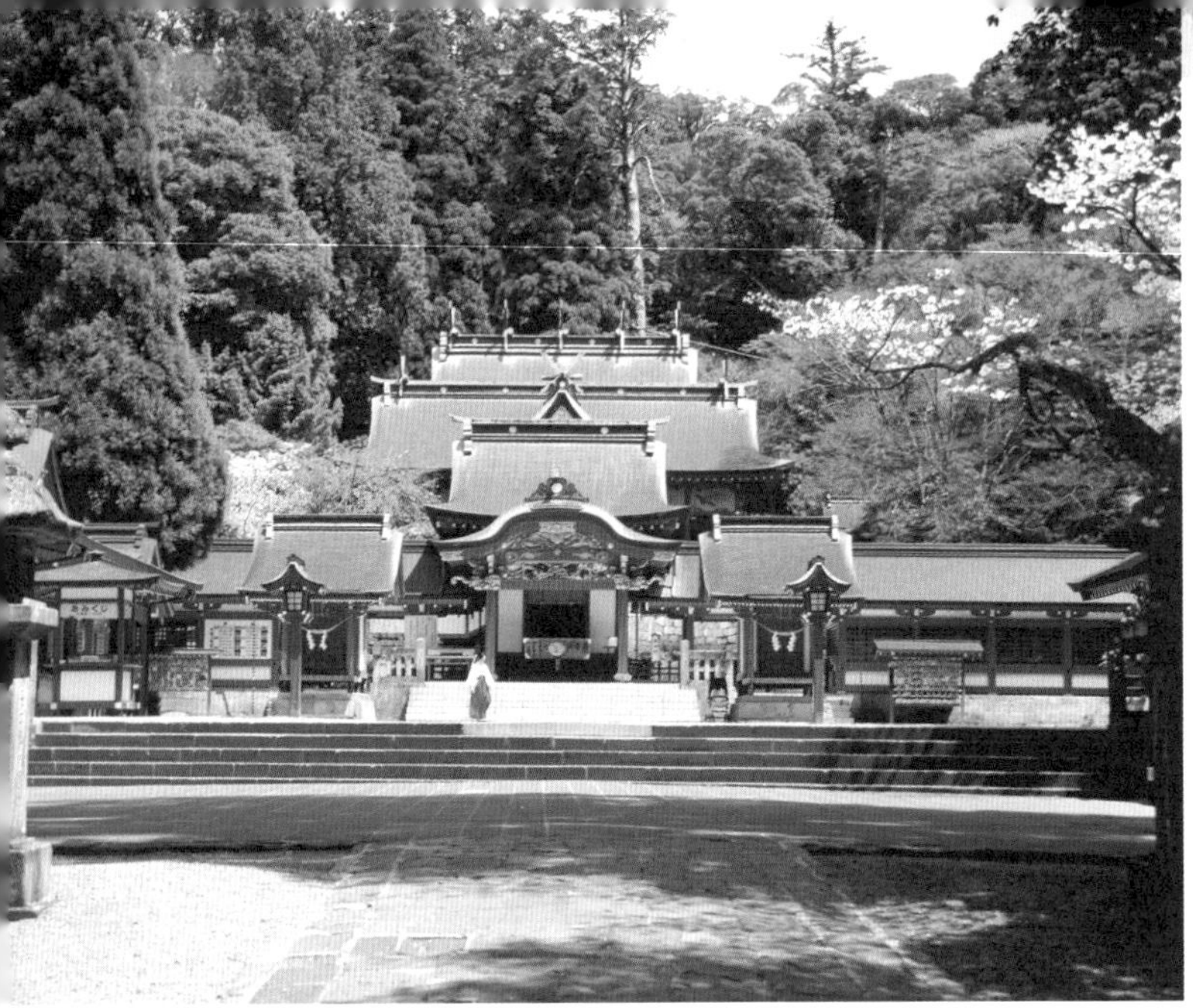

傾斜地を巧みに利用して門守《かどもり》神社・勅使殿・拝殿・本殿が階段状に並ぶよう配置されている。正面からは見えないが、勅使殿と拝殿は登廊下で結ばれている。すべて重文。

瓊瓊杵尊《ににぎのみこと》降臨の聖地・霧島山《きりしまやま》を仰ぐ古社

霧島山の高千穂峰《たかちほのみね》は天照大神の御孫神・瓊瓊杵尊が降臨された霊地とされる。当宮はかつて高千穂峰と噴火口の中間にある脊門丘《せとお》に鎮座しており、欽明《きんめい》天皇の御代に社殿が建てられたという。

しかし、噴火によりたびたび社殿が焼失したため、10世紀に天台宗の名僧・性空《しょうくう》が高千穂河原に遷した。

現在地に遷座したのは島津《しまづ》氏第11代当主・忠昌《ただまさ》の時のことだ。

今の社殿は島津氏第21代当主・吉貴《よしたか》によって正徳《しょうとく》5年（1715）に建てられたもので、造営には10年の歳月を要したという。

なお、霧島山は韓国岳《からくにだけ》・高千穂峰・新燃岳《しんもえだけ》・夷守岳《ひなもりだけ》・獅子戸岳《ししこだけ》・甑岳《こしきだけ》などの諸山岳の総称で、最高峰は韓国岳（標高1700m）。

霧島山山麓には霧島岑《みね》神社・狭《さ》野《の》神社・霧島東《ひがし》神社・東《つま》霧島神社などが鎮座している。

霧島七不思議のひとつに数えられる、霧島神宮近くを流れる御手洗川。毎年5月になると、清水が魚と一緒に湧いてくると言われている。

霧島神宮《きりしまじんぐう》

天饒石国饒石天津日高彦火瓊瓊杵尊、木花開耶姫尊、彦火火出見尊、豊玉姫尊、鸕鷀草葺不合尊、玉依姫尊、神倭磐余彦尊

鹿児島県霧島市霧島田口2608-5

0995-57-0001

JR霧島神宮駅よりバス約10分「霧島神宮前」下車すぐ

鹿児島神宮《かごしまじんぐう》

楠並木の表参道を歩んでくると、この石段に出る。手前の石橋は神橋。これを渡ると聖域だ。石段の上には社務所があり、さらに登ると石垣の上に建つ社殿群の前に出る。

海幸彦《うみさちひこ》・山幸彦《やまさちひこ》神話の神様を祀る御宮

鹿児島神宮の御祭神は海幸・山幸の神話によるところの社で創祀は遠く神代にあり、また神武《じんむ》天皇の御代とも伝えられている。御祭神・彦《ひこ》火火出見尊《ほほでみのみこと》（別名・山幸彦）は、この地に高千穂宮（皇居）を営み給い、農耕畜産漁猟の道を指導し、筑紫国《ちくしのくに》開拓の祖神と言われる。

大隅国《おおすみのくに》一宮としても信仰を集め、明治7年（1874）に神宮の社号を頂き、鹿児島神宮と改められた。

中央の唐破風《からはふ》をもつ建物が勅使殿。この位置からはよく見えないが、その後ろに拝殿・本殿がある。島津重年《しげとし》によって宝暦《ほうれき》6年（1756）に再建されたものだ。

鹿児島神宮《かごしまじんぐう》

天津日高彦火火出見尊、豊玉比売命、帯中比子尊、息長帯比売命、品陀和気尊、中比売命

鹿児島県霧島市隼人町内2496-1

0995-42-0020

JR隼人駅より徒歩約15分

青島神社《あおしまじんじゃ》

亜熱帯の島に築かれた 彦火火出見命《ひこほほでみのみこと》の宮

周囲1・5㎞ほどの青島は、亜熱帯の植物（天然記念物）に覆われた島。綿津見《わたつみ》（海積《わたつみ》）の宮から戻った山幸彦こと彦火火出見命が、宮を建てるにふさわしい聖なる島である。

当社はその宮跡に創建されたと伝えられる。その時期は不詳だが、平安時代の国司巡視記に嵯峨《さが》天皇の御代にはすでに存在していたことが記されている。

中世以降は代々領主の崇敬を受け、社殿などの寄進を受けた。現在も縁結・安産・航海・交通安全の神として信仰を集めている。

鬼の洗濯板。青島を取り巻く波状の岩で、砂岩と泥岩が波の浸食で凹凸になったもの。天然記念物。

青島神社《あおしまじんじゃ》

- 彦火火出見命、豊玉姫命、塩筒大神
- 宮崎県宮崎市青島2-13-1
- 0985-65-1262
- JR青島駅より徒歩約10分

和多都美神社《わたづみじんじゃ》

山幸彦が留まった 海神の宮の跡とされる

皇祖神神話の中でもとくに親しまれてきた海幸・山幸の話。その山場は、山幸彦（彦火火出見尊）がなくした兄の釣り針を求めて大綿津見神（海神）の宮を訪ねる場面だろう。当社はこの地が海神の宮の跡だとしている。

本殿の裏に和多都美神（豊《とよ》玉彦命《たまひこのみこと》）の姫神で山幸彦の妃となる豊玉姫命《とよたまひめのみこと》の墳墓があるのを、海の神の宮の跡である証としている。なお、山幸彦と豊玉姫命は神武《じんむ》天皇の祖父母にあたる。

海中鳥居。「わたつみ」とは海の神のこと。対馬には「わたつみ」とつく神社が多いが、当社は9世紀に神階を授かった記録がある。

和多都美神社《わたづみじんじゃ》

- 彦火火出見尊、豊玉姫命
- 長崎県対馬市豊玉町仁位字和宮55
- 0920-58-1488
- 対馬空港より車で約40分

鵜戸神宮《うどじんぐう》

本殿（左にわずかに見える洞窟の中に鎮座している）前の日向灘《ひゅうがなだ》。日南《にちなん》海岸国定公園に境内もともに含まれている。奇岩が多く、亀石・御舟石・二柱石など伝説を秘めているものもある。

豊玉姫命が出産された日南海岸の洞窟に鎮座する

なくした兄の釣り針を求めて海神《わたつみ》の宮を訪れた彦火火出見命は、海神の娘・豊玉姫命と結ばれる。豊玉姫命は地上で出産するが、決して覗くなという禁を彦火火出見命が犯したため、御子を残して海に去っていく。

　この神話の舞台となった場所が、鵜戸神宮の本殿が鎮座する洞窟だという。この時誕生した御子が、御祭神である日子波瀲武鸕鷀草葺不合《ひこなぎさたけうがやふきあえずの》尊《みこと》、神武《じんむ》天皇の父神である。

日向灘に面した海蝕洞に鎮座する本殿。豊玉姫命が出産をした鵜の羽で葺かれた産屋も、ここに建てられたという。現在の社殿は正徳《しょうとく》元年（1711）に建てられたもの。

⛩ 鵜戸神宮《うどじんぐう》

- 日子波瀲武鸕鷀草葺不合尊
- 宮崎県日南市大字宮浦3232
- 0987-29-1001
- JR油津駅よりバス約20分、「鵜戸神宮」下車、徒歩約10分

写真提供：公益財団法人みやざき観光コンベンション協会

狭野神社《さのじんじゃ》

神武《じんむ》天皇生誕の地に鎮座する杉木立の神社

神武天皇は幼名を狭野尊《さののみこと》といったが、それは当地で生まれたからという。当社の南方1キロのところにある皇子原《おうじばる》が生誕地で、当社ももとはその地にあったと伝えられる（現在は末社が鎮座する）。

第30代敏達《びだつ》天皇が移築させたが霧島山の噴火によって社殿は焼失。その後もしばしば噴火の被害を受けた。現在地に遷座したのは慶長《けいちょう》15年（1610）とされる。

拝殿。参道に立つ大杉は朝鮮出兵より戻った島津義弘《よしひろ》が植えさせたものとされ、樹齢は400年という。

狭野神社《さのじんじゃ》

- 神日本磐余彦天皇（神武天皇）
- 宮崎県西諸県郡高原町大字蒲牟田117
- 0984-42-1007
- JR高原駅よりタクシー約10分

真提供：公益財団法人みやざき観光コンベンション協会

高千穂神社《たかちほじんじゃ》

神武天皇の兄の三毛入野命《みけぬのみこと》を祀る古社

高千穂町には『古事記』『日本書紀』が語らない神話が伝わっている。

その1つが神武天皇の兄・三毛入野命の活躍だ。『古事記』は、三毛入野命は海を越えて常世国《とこよのくに》に行ってしまったとするのだが、高千穂の伝説では高千穂に戻って当社の鎮座地に宮を建てたという。

そして、鬼八という鬼を退治して捕らわれていた鵜目姫《うのめひめ》命《みこと》を助けて妃にした。三毛入野命と鵜目姫命とその御子神は、十社《じっしゃ》大明神として当社に祀られている。

拝殿。奥の本殿は安永《あんえい》7年（1778）建立。三毛入野命が鬼八を退治する像などの彫刻が見事で重文に指定されている。

高千穂神社《たかちほじんじゃ》

- 高千穂皇神、十社大明神
- 宮崎県西臼杵郡高千穂町大字三田井1037
- 0982-72-2413
- JR延岡駅よりバス約80分「高千穂バスセンター」下車、徒歩約15分

宮崎神宮《みやざきじんぐう》

宮崎神宮は毎月朔日（一日）に神社を参拝してその月の安全を祈る朔日参が盛ん。朔日だけ販与される月替わりの「参拝餅」も人気がある（商品がなくなり次第終了）。

神武天皇宮居の跡地に鎮座 初代天皇をお祀りする

神武天皇の孫に当たる健磐《たけいわ》龍命《たつのみこと》（阿蘇神社の御祭神）が九州の長官に就任した際に、祖父のご功績を称えるために鎮祭したのが始まりとされる。

その後、崇神《すじん》天皇、景行《けいこう》天皇の熊襲《くまそ》征討の際に社殿のご造営があり、応神《おうじん》天皇の御代《みよ》には、日向国造が修造鎮祭せられた旨が伝えられる。

明治以前は神武天皇宮、神武天皇社と呼ばれていたが、大正2年（1918）に宮崎神宮と改称した。現在の社殿は日向の名材「狭野杉《さのすぎ》」を用いて、明治40年（1907）に建立された。

東宮の西北約2km先の境内に鎮座する摂社・皇宮《こうぐう》神社は、宮崎神宮の元宮とも伝えられ、境内には、「皇軍発祥之地碑」が建つ。

宮崎神宮《みやざきじんぐう》

- 神日本磐余彦天皇（神武天皇）、鸕鷀草葺不合尊、玉依姫命
- 宮崎県宮崎市神宮2-4-1
- 0985-27-4004
- JR宮崎神宮駅より徒歩約10分

現在の社殿は昭和31年（1956）に再建され、本殿の3種の破風が屋根に並ぶ生国魂造が継承されている。

生國魂神社《いくたまじんじゃ》

日本国土の御霊《みたま》を祀る 大阪最古の神社

日本国土の御霊、生島大神《いくしまのおおかみ》・足島大神《たるしまのおおかみ》を祀る大阪最古の神社。第一代神武《じんむ》天皇が東征の折に大阪湾に浮かぶ難波碕《なにわのみさき》に両神を祀ったことに始まる。その後、難波の総鎮守《そうちんじゅ》として朝廷の崇敬を受けた。天正《てんしょう》8年（1580）の石山合戦で全焼し、天正11年には豊臣秀吉《とよとみひでよし》が大阪城築城のため当社を現在地に遷座、生国魂造《いくたまづくり》の本殿などを寄進。難波大社《おおやしろ》・生玉《いくたま》さんともいう。

生國魂神社《いくたまじんじゃ》（いくたまさん）

- 生島大神、足島大神、大物主大神
- 大阪府大阪市天王寺区生玉町13-9
- 06-6771-0002
- 大阪メトロ谷町九丁目駅より徒歩約4分、または近鉄大阪上本町駅より徒歩約9分

玉置神社《たまきじんじゃ》

神武天皇も訪れた 熊野三山の奥の院

玉置神社は大峰《おおみね》山脈の最南端、標高1076mの玉置山《たまきやま》山頂近くに鎮座している。

ここから熊野川《くまのがわ》（十津川《とつがわ》）に沿って下れば、熊野本宮大社《くまのほんぐうたいしゃ》や熊野速玉《はやたま》大社に出られる。熊野では創建がもっとも古い当社は熊野三山の奥宮として信仰されてきた。

当社の創建は古く、即位前の神武天皇が八咫烏《やたがらす》の案内で熊野から大和に向かう途上、当社の宮で兵を休ませている。早玉神《はやたまのかみ》が合祀されたのは崇神《すじん》天皇の御代で、今から2060年以上昔とされる。

霧に包まれる本社。境内には樹齢3000年以上という 神代杉をはじめ杉の大木が林立する。

玉置神社《たまきじんじゃ》

- 国常立尊、早玉神、伊弉諾尊、伊弉冊尊、天照坐皇大御神、神武天皇
- 奈良県吉野郡十津川村玉置川1
- 0746-64-0500
- JR新宮駅よりバス約120分「十津川温泉」下車、タクシー約20分駐車場下車、徒歩約15分

撮影：岡靖久

熊野三山
くまのさんざん

写真提供：公益社団法人和歌山県観光連盟

1 熊野速玉大社の境外摂社・神倉神社の御神体、ゴトビキ岩。熊野の神々が最初に降臨したところと伝わる。神倉神社は毎年2月6日行われる御燈祭《おとうまつり》で有名。

2 熊野那智大社の社殿。当社は、神武天皇が那智の滝を神として祀ったのに始まるという。

3 熊野速玉大社の社殿。熊野川を背に鎮座している。

上皇も修験者も庶民も目指した聖地・熊野

熊野三山とは紀伊半島南部に鎮座する熊野速玉大社・熊野本宮大社・熊野那智大社のことを指す。熊野の神々が初めて降臨したのは熊野速玉大社の境内摂社・神倉神社のゴトビキ岩と伝わる。

2020年は日本書紀編纂1300年の節目の年であるが、その『日本書紀・神武天皇紀』に「熊野神邑《かむのむら》（新宮市の古称）ニ至リ　且　天ノ磐盾ニ登ル」とあり、神武天皇が神倉山に登拝されたことが記されている。そこで神倭伊《かむやまとい》波礼比古命《われひこのみこと》＝神武天皇は、天皇としての霊力を得た。熊野が「甦りの聖地」として謳われる所以である。

熊野信仰は平安時代になると急速に広がりをみせ、山岳信仰とも密接に関わり、那智の滝や山岳で修行を積む修験者や、上皇や貴族から庶民に至るまで信仰を集め、その参詣の様子はまさに「蟻の熊野詣《もうで》」という諺にもなっている。

神倉神社《かみくらじんじゃ》

- 天照大御神、髙倉下命
- 和歌山県新宮市神倉1-13-8
- 0735-22-2533（熊野速玉大社）
- 熊野速玉大社よりタクシー約5分、または徒歩約15分

熊野速玉大社《くまのはやたまたいしゃ》

- 熊野速玉大神、熊野夫須美大神
- 和歌山県新宮市新宮1
- 0735-22-2533
- JR新宮駅より徒歩約15分

熊野那智大社《くまのなちたいしゃ》

- 熊野夫須美大神（伊弉冉尊）
- 和歌山県東牟婁郡那智勝浦町那智山1
- 0735-55-0321
- JR紀伊勝浦駅よりバス約30分「那智山」下車すぐ

出雲大社《いづもおおやしろ》

出雲大社の本殿は、上古《じょうこ》には32丈、中古《ちゅうこ》には16丈あったという。32丈といえば100m近くになり、にわかには信じがたいが、境内から巨木3本を束ねて1つの柱とした跡が見つかり、16丈の本殿は現実味を帯びてきた。

1 中央のひときわ大きな社殿が国宝の本殿。伊勢神宮正殿と並ぶ最古の社殿建築様式である大社造《たいしゃづくり》で建てられている。高さ24m。右の社殿は大国主大神の后を祀る御向社《みむかいのやしろ》。

2 本殿の真後ろに鎮座する素鵞社《そがのやしろ》。天照大御神の弟神で、大国主大神の祖先神である素戔嗚尊を祀る。大国主大神より目上に当たるので一段高いところに鎮座している。

⛩ 出雲大社《いずもおおやしろ》

- 大国主大神
- 島根県出雲市大社町杵築東195
- 0853-53-3100
- 一畑電車出雲大社前駅より徒歩約10分、またはJR出雲市駅よりバス約25分「正門前」下車、徒歩約1分

国つ神の王の宮にして八百万《やおよろず》の神々の参集所

出雲大社の御祭神・大国主大神《おおくにぬしのおおかみ》は、国づくりによって自ら築かれた「豊葦原《とよあしはら》の瑞穂国《みずほのくに》」を、日本民族をあまねく照らし治める天照大御神《あまてらすおおみかみ》へとお還しになる「国譲り」の偉業を行った神様として知られる。

この国譲りのとき、現世の政治は天照大御神の子孫に委ねるかわりに、幽事《かくりごと》（目に見えない世界のこと）は大国主大神が司り、「むすび」の御霊力によって人々を幸福に導くこと、天照大御神の第二子である天穂日命《あめのほひのみこと》が大国主大神に仕えることなどが決まったという。

こうして天照大御神の御命令によって高天原《たかまのはら》の神々が幽事を司る大国主大神のもとに集まることになり、大国主大神のために宇迦山《うかのやま》の麓に壮大なる宮殿が造営されたと伝わる。また、神無月《かんなづき》（旧暦10月のことで、出雲では神在月《かみありづき》という）に全国の神々が出雲に集まるようになった起源ともされる。

そして、大国主大神は、その宮殿に永久にお鎮まりになり、人々の幸福のために慈愛を注ぎ、今に至るまで厚い信仰を受け続けている。

天日隅宮《あめのひすみのみや》・杵築大社《きづきおおやしろ》を始め、さまざまな名称で称えられてきたその宮殿が、出雲大社の起源と伝わる。

初代神武天皇に至る神々の系譜

神代《かみよ》

初代神武天皇に至るまでの神々の系譜は、奈良時代に編纂された『古事記』『日本書紀』などに神話として記されている。

一 伊邪那岐命《いざなぎのみこと》 記 （伊弉諾命《いざなぎのみこと》 紀）

天津神《あまつかみ》の命を受けて女神の伊邪《いざ》那美命《なみのみこと》とともに天降り、国生みと神生みを行った男神。死んだ伊邪那美命を追って赴いた黄泉《よみ》国《くに》の穢れを禊《みそぎ》した際に三貴子《さんきし》（天照大御神、月読命《つくよみのみこと》、須佐之《すさの》男命《おのみこと》）を生んだ。

二 天照大御神《あまてらすおおみかみ》 記 （天照大神《あまてらすおおみかみ》 紀）

伊邪那岐命が生んだ三貴子の一柱である女神。日本神話中で最高神とされる太陽神で、弟の須佐之男命の乱暴が原因で天の石屋戸にこもった天石屋戸神話や、孫の邇邇芸命を葦原中国《あしはらのなかつくに》に天降らせた天孫降臨神話はとくに有名。

三 天忍穂耳命《あめのおしほみみのみこと》 記 （天忍穂耳尊《あめのおしほみみのみこと》 紀）

天照大御神の御子で、天照大御神と須佐之男命の誓約《うけい》によって生まれた。『古事記』では、天照大御神は最初に天忍穂耳命を葦原中国に天降らせようとしたが、その準備中に生まれた邇邇芸命を天降らせたという。

四 邇邇芸命《ににぎのみこと》 記 （瓊瓊杵尊《ににぎのみこと》 紀）

天照大御神の孫。三種の神器とともに高天原《たかまのはら》から日向《ひむか》の高千穂に降臨したのち、木花之佐久夜《このはなのさくや》毘《び》売《め》を妻として火遠理命（山幸彦）ら三柱の御子を生んだ。初代神武天皇の曽祖父とされる。

五 火遠理命《ほおりのみこと》 記 （彦火火出見尊《ひこほほでみのみこと》 紀）

邇邇芸命と木花之佐久夜毘売との間に生まれた三柱の御子のうちの末弟（『古事記』）、または第2子（『日本書紀』）とされる。燃え盛る産屋の炎の中で生まれたためこの名がついた。

六 鵜葺草葺不合命《うがやふきあえずのみこと》 記 （鸕鷀草葺不合尊《うがやふきあえずのみこと》 紀）

火遠理命と海神《わたつみ》の娘である豊玉《とよたま》姫《ひめ》の間に生まれた御子。母の妹である玉依姫《たまよりひめ》を妻とし、五瀬《いつせの》命《みこと》（神武天皇の兄）、神和伊波《かむやまといわ》礼《れ》毘《び》古命《このみこと》（神武天皇）らを生んだ。

絵図：『神佛図會』（国立国会図書館蔵）

※記『古事記』での神名表記／紀『日本書紀』での神名表記

歴代天皇総覧①
初代神武天皇～第9代開化天皇

初代神武天皇と、それに続く第2～9代の「欠史八代」が実在した可能性は低いとされるが、実在説を唱える研究者もいる。

初代
神武《じんむ》天皇

生 前711～前585
在 前660～前585

神話によると、神倭伊波礼毘古命《かむやまといわれびこのみこと》は葦原中国《あしはらのなかつくに》の統治を目指し、九州の日向《ひむか》から大軍を率いて東征の旅に出たという。その後、瀬戸内海を経て河内《かわち》に上陸するも大和《やまと》の豪族・長髄彦《ながすねひこ》の抵抗にあったため、紀伊半島を迂回して熊野から再び上陸。天照大御神から降された神剣や八咫烏などの助けを得て大和の賊らを征服し、大和国の橿原宮《かしはらのみや》で初代神武天皇として即位したという。

第2代
綏靖《すいぜい》天皇

生 前632～前549 在 前581～前549

神武天皇が比売多多良伊須気余理比売《ひめたたらいすけよりひめ》の間にもうけた御子。神武天皇の崩御後、王権を奪おうとした異母兄を討ち、葛城《かつらぎ》の高岡宮《たかおかのみや》（御所市）で即位した。

第3代
安寧《あんねい》天皇

生 前577～前511 在 前549～前511

綏靖天皇が河俣毘売《かわまたびめ》を妻として生ませた御子で、名は師木津日子玉手見命《しきつひこたまでみのみこと》。綏靖天皇の崩御後即位し、都を片塩《かたしお》の浮穴宮《うきあなのみや》（大和高田市）に移した。

第4代
懿徳《いとく》天皇

生 前553～前477 在 前510～前477

安寧天皇が阿久斗比売《あくとひめ》との間にもうけた御子で、名は大《おお》倭日子鉏友命《やまとひこすきとものみこと》。安寧天皇の崩御後即位し、都を軽《かる》の境岡宮《さかいおかのみや》（橿原市）に移した。

第5代
孝昭《こうしょう》天皇

生 前506～前393 在 前475～前393

懿徳天皇が賦登麻和訶比売命《ふとまわかひめのみこと》との間にもうけた御子で、名は御真津日子訶恵志泥命《みまつひこかえしねのみこと》。懿徳天皇の崩御後即位し、都を葛城の掖上宮《わきがみのみや》（御所市）に移した。

第6代
孝安《こうあん》天皇

生 前427～前291 在 前392～前291

孝昭天皇が余曾多本毘売命《よそたほびめのみこと》との間にもうけた御子で、名は大倭帯日子国押人命《おおやまとたらしひこくにおしひとのみこと》。孝昭天皇の崩御後即位し、都を室《むろ》の秋津島宮《あきづしまのみや》（御所市）に移した。

第7代
孝霊《こうれい》天皇

生 前342～前215 在 前290～前215

孝安天皇が忍鹿比売命《おしかひめのみこと》との間にもうけた御子で、名は大《おお》倭根子日子賦斗邇命《やまとねこひこふとにのみこと》。孝安天皇の崩御後即位し、都を黒《くろ》田《だ》の廬戸宮《いおとのみや》（田原本町）に移した。

第8代
孝元《こうげん》天皇

生 前273～前158 在 前214～前158

孝霊天皇が細比売命《くわしひめのみこと》との間にもうけた御子で、名は大倭《おおやまと》根子日子国玖琉命《ねこひこくにくるのみこと》。孝霊天皇の崩御後即位し、都を軽《かる》の堺原宮《さかいはらのみや》（橿原市）に移した。

第9代
開化《かいか》天皇

生 前208～前98 在 前158～前98

孝元天皇と内色許売命《うつしこめのみこと》の間にもうけた御子で、名は若倭《わかやまと》根子日子大毘々命《ねこひこおおびびのみこと》。孝元天皇の崩御後即位し、都を春日《かすが》の伊邪河宮《いざかわのみや》（奈良市）に移した。

※ 生 生没年 在 在位した年数（いずれも西暦）

『歴代天皇肖像画』提供：彌彦神社（▶p160）

成立期の大和朝廷にとって最大の脅威は出雲の〝王朝〟であった。大陸や朝鮮半島と向かい合った出雲は先進文化が直接伝わる場所であり、それによって得た経済力や武力は大和朝廷をも圧倒するものであった。

天皇を中心とした大和朝廷が勢力を広げていく上で、対抗する豪族には二つの方法で対応した。一つは武力による制圧、もう一つは同盟を結び天皇の臣下とするものであった。

熊襲《くまそ》（九州南部の大和朝廷に服属しなかった種族）や土蜘蛛《つちぐも》（同じく大和朝廷に恭順しなかった地方の土豪など）などに対しては容赦のない武力制圧を行ったが、出雲は容易に倒せる相手ではなかった。

おそらくは硬軟合わせた交渉があり、最終的に出雲は大和朝廷との同盟を受け入れたのであろう。その過程が神話化され、今日に「国譲り神話」として伝わっている。

Column-01

天皇家と出雲《いずも》国造《こくそう》家

同盟成立後も、朝廷と出雲の〝王〟である出雲国造との緊張関係は続いたらしく、それはヤマトタケルがイズモタケルを討ったという伝説や、出雲国造は代替わりごとに都に参上して天皇に「出雲国造神賀詞《かんよごと》」を奏上したことからもうかがい知れる。

一方、出雲国造と天皇はよく似た存在でもある。いずれも神の子孫で、祭政一致の神聖王であった。

天皇が日本国の王であるとともに全国の神社を束ねる者であったように、出雲国造は出雲の統治者であり出雲大社の宮司であった。そして、さまざまな変遷がありながら現在まで続いていることでも共通している。

『古事記』『日本書紀』などは、出雲国造は天照大神の第二子・天穂日命《あめのほひのみこと》の子孫としている。そうであるのなら、出雲国造と天皇は遠い遠い親戚ということになる。

第二章

大和朝廷と古代の天皇

大和王権が誕生すると、統一王朝形成の過程で
日本武尊など数多くの英雄たちが活躍した。
その足跡は、今も各地に残されている。

大和《やまと》朝廷の成立と発展

第10代崇神天皇〜第25代武烈天皇

『少年日本歴史読本 第五編』（国立国会図書館蔵）より日本武尊の挿絵。尊は野火攻めに遭った際、倭姫命から授かった天叢雲剣（草薙剣）で草を薙ぎ払い難を逃れた。

神話の時代が終わり英雄の時代が始まる

神武《じんむ》天皇の登場とともに神の時代は終わり、人間の時代となる。しかし、神武天皇の東征・即位ののちも各地にはまだ「まつろわぬ者たち」がいた。それらの平定のために派遣されたのが皇族の英雄であった。

第10代崇神《すじん》天皇が四方に派遣した四《し》道《どう》将軍がそのはしりで、この中には桃太郎のモデルとされる吉備津彦命《きびつひこのみこと》も含まれているが、英雄といえば第12代景《けい》行《こう》天皇の皇子、日本武尊《やまとたけるのみこと》だろう。九州南部の熊襲《くまそ》を手始めに、日本国中をめぐって反逆的な神や族長を討った。彼が佩《は》いていた草薙剣《くさなぎのつるぎ》は熱田《あつた》神宮の御神体となっている。

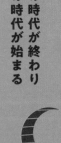

神々の助力を得て新羅《しらぎ》を征した神功《じんぐう》皇后

華々しい戦果をあげた日本武尊であったが、護身の霊宝であった草薙剣を置いて伊吹山《いぶきやま》の神の退治に向かったために、逆に祟りに遭って三重の能褒野《のぼの》で没してしまう。しかし、その血筋は受け継がれていった。皇子が即位して第14代仲哀《ちゅうあい》天皇となったのだ。

仲哀天皇も熊襲討伐に向かうが、金銀財宝あふれる国を授けようという神の託宣を信じず崩御してしまう。代わって新羅への遠征を成し遂げたのが后の神功皇后であった。この遠征には多くの神が助力をしていた。山口県の住吉《すみよし》神社、兵庫県の生田《いくた》神社・長田《ながた》神社・廣田《ひろた》神社、大阪府の住吉《すみよし》大社などがそれらの神を祀ったとされる。遠征後、皇后は男の子を産む。第15代応神《おうじん》天皇である。

『少年日本歴史読本 第六編』（国立国会図書館蔵）より仲哀天皇と神功皇后の挿絵。玄界灘沿岸には神功皇后の伝承にまつわる神社が数多く鎮座しているが、中でも香椎宮は、仲哀天皇崩御の地に神功皇后が建立したと伝えられている。

『義士四十七圖 第2帖 月耕隨筆』（国立国会図書館蔵）より「仁徳帝望民家之圖」。仁徳天皇は仁政を行ったばかりでなく、大陸との交渉で文化を向上させ、大和朝廷の最盛期を築いたとされる。

大規模な土木工事が行われた聖王たちの時代

応神天皇はのちに八幡神《はちまんしん》として信仰されるようになるが、少年時代に氣比《けひ》神宮の神と名前を交換した以外に、神話的な話は記録されていない。しかし、現世の政治においては大きな改革を成し遂げている。それは、拠点を大和平野から河内《かわち》へと移したことである。応神天皇は難波に行宮《あんぐう》をもち、その陵も河内にある。河内での活動を本格化させたのが第16代仁徳《にんとく》天皇であった。

仁徳天皇は庶民の家から竈《かまど》の煙が上がっていないことからその窮乏を知り、3年にわたって税の徴収をやめた聖王として知られるが、港の修築や川の堤防工事といった大規模な土木工事を行った天皇でもある。仁徳天皇陵が世界最大の墳墓であるのも偶然ではない。

大悪天皇にして有徳天皇でもある雄略《ゆうりゃく》天皇の謎に満ちた治世

仁徳天皇の仁政のゆえか、その後は比較的平穏な時代が続き、第21代雄略天皇の御代《みよ》を迎える。

雄略天皇はその粗暴さから「大悪天皇」とも呼ばれたといわれる。その一方で民衆が「有徳天皇」と誉め称えたともされ、毀誉褒貶《きよほうへん》の落差がはなはだしい天皇であった。

一方、雄略天皇の御代は神にまつわる事件も多く起きている。葛城山《かつらぎさん》に狩りに行った天皇が一言主大神《ひとことぬしのおおかみ》と出会った話が有名だが、三輪山《みわやま》の神を捕らえさせようとしたという話も伝わっている。

なお、埼玉県の稲荷山《いなりやま》古墳から出土した鉄剣には雄略天皇の名と思われる言葉が刻まれており、実在していたことの証拠とされている。

『義士四十七圖 第2帖 月耕随筆』(国立国会図書館蔵)より「雄略天王葛城山狩圖」。『日本書紀』によると、雄略天皇は葛城山で大猪に遭遇した際、恐れる色もなく弓で刺し止めて足で踏み殺したという。

大神神社《おおみわじんじゃ》

←拝殿と巳の神杉。大神神社は三輪山を御神体とするので本殿はなく、三輪山を拝するための拝殿のみがある。神杉には大物主大神の化身の白蛇が住むとされ、参拝者は卵を供えていく。

↑三輪山。御諸山《みもろやま》ともいう。標高467m。美しい円錐形をした典型的な神奈備山《かんなびやま》（神が宿る山）。山中には古代祭祀の跡が残るが、登拝《とはい》には手続きが必要。規則厳守。

大国主大神《おおくにぬしのおおかみ》の国造りを助け大和に鎮座した神

『古事記』『日本書紀』によると、当社の御祭神・大物主大神《おおものぬしのおおかみ》は、大国主大神が、国造りのパートナーだった少彦名命《すくなひこなのかみ》が常《とこ》世国《よのくに》に去ってしまったことを悲しんでいるところに出現したという。そして、自分を三輪山《みわやま》に祀れば国造りはうまくいくであろうと述べたとされる。崇神《すじん》天皇の御代にも天皇の夢枕に立って、自分の子に祭祀を行わせるよう言ったという。王城鎮護の二十二社の一社、大和国一宮。

大神神社《おおみわじんじゃ》

- 大物主大神、大己貴神、少彦名神
- 奈良県桜井市三輪1422
- 0744-42-6633
- JR三輪駅より徒歩約5分

古四王神社《こしおうじんじゃ》

北方の最前線を守る最強武神の古社

社伝によれば、崇神天皇から四道将軍の一人として北方遠征を命じられた大彦命《おおびこのみこと》は、当地に齶田浦神《あぎたのうらのかみ》を祀って北門の鎮護を祈ったという。齶田浦神は天照大神《あまてらすおおみかみ》の神勅を受けて地上を平定した最強の武神、武甕槌命《たけみかづちのみこと》の別名。その後、将軍・阿倍比羅夫《あべのひらふ》が蝦夷追討でこの地を訪れ、祖神の大彦命を合祀した。朝廷にとって当地は北の最前線、最強の守りが必要だったのだろう。

なお、「齶田」は「秋田」の語源とされる。

かつて古四王神社の社殿は北を向いていたという。北方の敵に立ち向かうためだろう。境内には桓武《かんむ》天皇の命により蝦夷《えみし》征討をした坂上田村麻呂《さかのうえのたむらまろ》を祀る田村神社もある。

古四王神社《こしおうじんじゃ》

- 神武甕槌命、大彦命
- 秋田県秋田市寺内児桜1-5-55
- 018-845-0333
- JR秋田駅よりバス約15分「寺内地域センター前」下車すぐ

敢國神社《あえくにじんじゃ》

あべ姓の総祖神で伊賀国一宮でもある大和に鎮座した神

主祭神の大彦命《おおびこのみこと》は孝元《こうげん》天皇の皇子で、崇神天皇が諸国平定のために派遣した四道将軍の一人。

御子の建沼河別命《たけぬなかわわけのみこと》とともに北陸を平定したのち伊賀に入り、一族の者と住み着いたという。

そこが阿《あ》拝《はい》郡であったことから大彦命は阿拝氏を名乗り、ここから安倍・阿部などの姓が出たとされる。その後、秦《はた》氏が崇める少彦名命と、金工の神・金山比咩命が配祀された。伊賀国一宮。

石段の上に見えるのは拝殿。その奥に大彦命・少彦名命・金山比咩命《かなやまひめのみこと》を祀る本殿がある。神社の後方には南宮山《なんぐうさん》がそびえる。

敢國神社《あえくにじんじゃ》

- 大彦命、少彦名命、金山比咩命
- 三重県伊賀市一之宮877
- 0595-23-3061
- JR佐那具駅より徒歩約25分

吉備津神社《きびつじんじゃ》

←全長360mに及ぶ廻廊。天正《てんしょう》 6年(1578) の再建。これほど長くまっすぐに続く 廻廊は珍しく、ゆるやかに起伏する様子はまさに臥龍。途中には鳴《なる》釜《かま》の神事で有名な御竈殿《おかまでん》がある。

↑応永《おうえい》32年(1425)に再建された本殿(国宝)。入母屋《いりもや》の屋根が前後に2つ並ぶ比翼入母屋造という類例のない社殿で、建坪は約260㎡ある。吉備津神社の権威の大きさを象徴する神殿である。

吉備国《きびのくに》を平定した英雄 大吉備津彦命《おおきびつひこのみこと》を祀る

吉備津神社の御祭神・大吉備津彦命は孝霊《こうれい》天皇の皇子で、崇神天皇が四方に派遣した四道将軍の1人として知られる。吉備国を平定したと伝えられ、この時、温羅《うら》という鬼を退治したという伝承があることから、桃太郎のモデルではないかともいわれている。

大吉備津彦命は平定後も吉備に留まり、国の開発・発展に努めた。吉備の中山にある中山茶臼山《ちゃうすやま》古墳はその陵墓だと伝えられる。

⛩ 吉備津神社《きびつじんじゃ》

- 大吉備津彦命、若日子建吉備津日子命、御友別命、仲彦命、千々速比売命、倭迹迹日百襲姫命ほか
- 岡山県岡山市北区吉備津931
- 086-287-4111
- JR吉備津駅より徒歩約10分

垂仁天皇と富士山

富士山本宮浅間大社《ふじさんほんぐうせんげんたいしゃ》

富士山を背景に建つ富士山本宮浅間大社の社殿。奥の本殿は慶長《けいちょう》9年(1604)に徳川家康が奉賽のために造営したもので、浅間造《せんげんづくり》という社殿建築にはめずらしい二階建てになっている。

二階建ての本殿に鎮座する花のように美しい女神

浅間とは荒々しい山を指す言葉で、主に富士山のことをいった。古代の富士山はいつ噴火するかわからない猛々しい火の山であったからだ。当社の起源も噴火で麓一帯が荒れ果てたのを憂えた垂仁《すいにん》天皇が、富士山の神霊を祀らせたことにあるとされる。

なお、この荒々しい山に鎮座する神は、花のように美しい木花之佐久夜毘売《このはなのさくやびめ》命とされる。駿河国一宮。

富士山本宮浅間大社《ふじさんほんぐうせんげんたいしゃ》

- 木花之佐久夜毘売命(浅間大神)、瓊々杵尊、大山祇神
- 静岡県富士宮市宮町1-1
- 0544-27-2002
- JR富士宮駅より徒歩約10分

走水神社《はしりみずじんじゃ》

その身を犠牲にして日本武尊《やまとたけるのみこと》の遠征を全うさせた妃を偲ぶ

父の景行天皇より各地の逆賊の平定を命じられた日本武尊は、手始めに九州の熊襲を討ち、続いて東国に平定に向かった。そして、走水より房総へ渡ろうとしたが海が荒れて進めなくなってしまった。

この時、同行していた弟橘《おとたちばな》媛命《ひめのみこと》は日本武尊が遠征を全うできるよう、海に身を投げて海神をなだめたとされる。

走水神社は日本武尊と弟橘媛命を慕う村人が創建したと伝わる。

走水とは海流が早い場所のことで浦賀水道のことをいう。日本武尊の一行を守るため、妃の弟橘媛命が身を投じたところとされる。

走水神社《はしりみずじんじゃ》

- 日本武尊、弟橘媛命
- 神奈川県横須賀市走水2-12-5
- 046-844-4122
- J京浜急行馬堀海岸駅よりバス約5分「走水神社」下車、徒歩約2分

写真提供：横須賀市文化スポーツ観光部観光課

根津神社《ねづじんじゃ》

日本武尊の言葉が地名となった霊地

根津神社は東征の折にこの地に立ち寄った日本武尊によって創建されたという。一説によると「根津」という地名は、日本武尊が根津神社を創建した際に「ここは国の根、国の津たり」と言ったことに始まるという。その後、太田《おおた》道灌《どうかん》が社殿を修築した。

将軍綱吉《つなよし》は当社を千駄木《せんだぎ》より当地に移し、諸大名に命じて造営を行う天下普請で社殿を整備した。

楼門。宝永《ほうえい》3年（1706）建立。将軍綱吉が本殿・幣殿・拝殿・唐門・西門・透塀とともに建てたもので、いずれも重要文化財。

根津神社《ねづじんじゃ》

- 須佐之男命、大山咋命、誉田別命、大国主命、菅原道真公
- 東京都文京区根津1-28-9
- 03-3822-0753
- 東京メトロ根津駅・千駄木駅・東大前駅より徒歩約5分

武蔵御嶽神社《むさしみたけじんじゃ》

御岳山上空より山頂の社殿群を望む。左上の大きな建物が拝殿。御師《おし》の集落など近世以前の景観がよく保たれている。

石段の上にそびえる拝殿は元禄13年（1700）の改築。本殿の裏には日本武尊を助けたオオカミを祀る大口真神社もある。

武蔵御嶽神社《むさし みたけじんじゃ》

- 櫛眞智命、大己貴命、少彦名命、廣國押武金日命、日本武尊
- 東京都青梅市御岳山176
- 0428-78-8500
- JR御嶽駅よりバス約10分「ケーブル下」下車、徒歩約3分の御岳登山鉄道滝本駅よりケーブルカー「御岳山駅」下車、徒歩約25分

日本武尊の武具を秘めた奥多摩の霊峰

一説によると、武蔵という地名は日本武尊が自らの鎧兜を御岳山《みたけさん》に納めたからとされる。

御岳山にはもう一つ日本武尊の伝説が伝わっている。それによると、日本武尊は御岳山で邪神を退治した際に、その妖気によって道を見失ってしまったという。そこへ白いオオカミが現われて道案内をしたので、日本武尊は喜んで大口《おおくち》真神《まがみ》の名を与え、以後も御岳山に留まって魔を退治するよう命じたという。こうした伝説からオオカミは武蔵御嶽神社のお使いとされ、「お犬様」と呼ばれている。その後、大口真神の御札は盗難除け・魔除けに霊験があるとして江戸庶民を中心に信仰が広まった。

寶登山神社《ほどさんじんじゃ》

山犬に助けられた日本武尊が創建

寶登山神社は標高497mの宝登山山頂に奥宮、麓に本社が鎮座している。その創建は日本武尊がこの山を登った時にさかのぼるとされる。

社伝によると、日本武尊は宝登山山中で山火事に遭ったという。この時、どこからともなく山犬が現れ、火を消して日本武尊を救った。山犬が神の使いだと気づいた尊は、山頂で神を祀った。ここから「火止山《ほどさん》」と呼ばれるようになり、やがて「宝登山」の字が当てられたという。

本殿と拝殿が石の間でつながれた権現《ごんげん》造《づくり》で建てられている社殿。この再建には弘化《こうか》4年(1847)から明治7年(1874)までの27年かかった。

寶登山神社《ほどさんじんじゃ》

- 神日本磐余彦尊、大山祇神、火産霊神
- 埼玉県秩父郡長瀞町長瀞1828
- 0494-66-0084
- 秩父鉄道長瀞駅より徒歩約10分

北口本宮冨士浅間神社《きたぐちほんぐうふじせんげんじんじゃ》

日本武尊が定めた富士山北麓の登山口

富士山麓周辺には富士山を信仰対象とした神社が多い。その中でも吉田口（北口）の北口本宮冨士浅間神社は、富士宮市の富士山本宮浅間大社とともに富士山信仰の中心的な存在となってきた。

その起源はおよそ1900年前、日本武尊が東征の折にこの地で「富士の神山は北方より拝せよ」と勅され、富士山を遥拝したことにあるとされる。当社の南西150mほどのところにある大塚丘が日本武尊遥拝の地だという。

北口本宮冨士浅間神社《きたぐちほんぐうふじせんげんじんじゃ》

- 木花開耶姫命、彦火瓊瓊杵尊、大山祇神
- 山梨県富士吉田市上吉田5558
- 0555-22-0221
- 富士急行富士山駅よりバス約6分「浅間神社前」下車すぐ

参道。天を突く杉木立の先に木造としては日本一の大鳥居がある。

金鑽神社《かなさなじんじゃ》

日本武尊の命を守った火打ち石が埋められた神体山

日本武尊は東征に先立って伊勢神宮を詣で叔母の倭姫《やまとひめの》命《みこと》から草薙剣と火打ち石を授かっている。これらのおかげで草原での火攻めから逃れられたのだが、日本武尊は当地までやって来た時に、火打ち石を御室山に埋めて天照大神《あまてらすおおみかみ》と素戔嗚尊《すさのおのみこと》を祀ったのだという。これが当社の起源とされ、平安時代には名神大社に列している。中世には武蔵六所大明神にも数えられている。神仏習合時代の名残である多宝塔が境内にあることでも有名。

金鑽神社は御《み》室山《むろやま》（御室ヶ獄）を御神体としているため本殿をもたない。拝殿から山を拝する形になっている。

金鑽神社《かなさなじんじゃ》

- 天照大神、素戔嗚尊、日本武尊
- 埼玉県児玉郡神川町字二ノ宮751
- 0495-77-4537
- JR本庄駅よりバス約30分「新宿」下車、徒歩約20分

酒折宮《さかおりのみや》

『古事記』『日本書紀』に載る山梨県で唯一の神社

日本武尊は東征の帰路を甲《か》斐国《いのくに》から信濃国《しなののくに》へと抜ける道をとった。その途上、今の甲府の手前の酒折宮で留まられ、「新治《にいばり》から筑波《つくば》を過ぎて幾夜寝たことだろう」（意訳）と詠われたという。これを聞いた火焚きの老人が「数えてみると夜は九夜、昼は十日」と返答。日本武尊は老人の才能を誉め、褒美を与えたと『古事記』『日本書紀』に書かれている。記紀には老人の正体は書かれていないが、神の化身かもしれない。

当社は日本武尊が東征の帰途で滞在した酒折宮があったところとされる。また、日本武尊と火焚きの老人が歌を交わしあったところであることから、連歌発祥の地ともされる。

酒折宮《さかおりのみや》

- 日本武尊
- 山梨県甲府市酒折3-1-13
- 055-231-2690
- JR酒折駅より徒歩約5分

熱田神宮《あつたじんぐう》

草薙神剣《くさなぎのみつるぎ》を御神体とする日本武尊ゆかりの古社

熱田神宮は熱田大神《あつたのおおかみ》を祀っているが、これは三種の神器の一つの草薙神剣を御《み》霊代《たましろ》としてよらせられる天照大神のことである。草薙神剣は素盞嗚尊《すさのおのみこと》が八岐大蛇《やまたのおろち》を退治した時にその尻尾から得たもので、もとは天叢雲剣《あめのむらくものつるぎ》といった。日本武尊はこの剣を携えて東国へ遠征し、焼津《やいず》で焼き討ちにあった際にこの剣で草を薙ぎ払い身を守ったことから、草薙神剣と呼ばれるようになった。

遠征を終えた日本武尊は尾張《おわり》で宮簀媛《みやすひめの》命《みこと》と結ばれるが、草薙神剣を宮簀媛命のところにおいたまま伊吹山《いぶきやま》の賊を退治に出かけ、病に倒れ亡くなられた。悲しんだ宮簀媛命は神剣を熱田の地に祀ったとされ、これが熱田神宮の始まりで、今からおよそ千九百年前のことである。

当神宮の御祭神は熱田大神《あつたのおおかみ》で、天照大

手水舎の北側にある大楠。樹齢は約1000年で、伝説では弘法《こうぼう》大師空海が植えたものという。

本宮の外の玉垣に設けられた御門（拝殿）。皇位継承の御璽《ぎょじ》である三種の神器の一つ、草薙神剣《くさなぎのみつるぎ》をお祀りする本殿はこの奥にある。

日本武尊は尾張で尾張国造の娘・宮簀媛命と結ばれる。そして、彼女のもとに草薙神剣をおいて伊吹山に向かうが戻ることはなかった。

神、素盞嗚尊、日本武尊、宮簀媛命、そして、宮簀媛命の兄で日本武尊の遠征に従った建《たけ》稲種命《いなだねのみこと》を加えた五柱の神を相殿神《あいどののかみ》として祀る。なお、宮簀媛命の父・乎止與命《おとよのみこと》は尾張の国造の祖とされる。こうした由緒をもつことから当社は伊勢神宮に次ぐ尊いお宮として朝廷から篤い崇敬を受けてきた。中世以降は武士の信仰も集め、織田《おだ》信長《のぶなが》も桶狭間《おけはざま》の決戦に向かう前に当神宮を参拝し、戦勝を祈願している。

境内の面積はおよそ六万坪、飛び地境内も合わせると九万坪に及ぶ広大なお宮には、本宮《ほんぐう》、別宮《べつぐう》をはじめ四十五の社が鎮まる。

熱田神宮《あつたじんぐう》

- 熱田大神、天照大神、素盞嗚尊、日本武尊、宮簀媛命、建稲種命
- 愛知県名古屋市熱田区神宮1-1-1
- 052-671-4151
- 名鉄神宮前駅より徒歩約3分

香椎宮《かしいぐう》

仲哀《ちゅうあい》天皇と神功《じんぐう》皇后の御魂が眠る香椎の廟

熊襲《くまそ》鎮定の途上、香椎の地で崩御された仲哀天皇のために、その后・神功皇后は同地に祠を建てた。

その後、新羅を平定した神功皇后は、改めて仲哀天皇の御霊を祀られたという。これが当社の起源とされる。

神亀《じんき》元年（724）に皇后の宮も建てられ、両宮併せて香椎廟と呼ばれた。

以後、朝野から篤い崇敬を受けている。明治に入り香椎宮に改名した。

中央奥が本殿、その前の舞台のような建物が幣殿。香椎造《かしいづくり》の本殿（重文）は福岡藩主・黒田長順《ながより》によって享和《きょうわ》元年（1801）に再建された。

⛩ 香椎宮《かしいぐう》

- 仲哀天皇、神功皇后、応神天皇、住吉大神
- 福岡県福岡市東区香椎4-16-1
- 092-681-1001
- JR香椎神宮駅より徒歩約4分

筥崎宮《はこざきぐう》

「敵国降伏」の勝運の神社

当社の楼門には「敵国降伏」と書かれた扁額が掲げられている。これは延喜《えんぎ》21年（921）に醍醐《だいご》天皇に下された八幡大神《はちまんおおかみ》の託宣の言葉。

この神勅に基づいて社殿が築かれ、八幡大神の神霊が現在の飯塚市にある大分《だいぶ》八幡宮より遷座されたという。蒙古襲来（元寇）の際にも霊験を現したと伝えられる。

なお筥崎という地名は、神功皇后が応神天皇を出産された時、胞衣《えな》を筥に入れて埋めたことによるという。

柱の下部が太く笠木の先端が跳ね上がる筥崎鳥居の一の鳥居。奥に見えるのは文禄《ぶんろく》3年（1594）建立の楼門。ともに重文に指定されている。

⛩ 筥崎宮《はこざきぐう》

- 応神天皇（八幡大神）、神功皇后、玉依姫命
- 福岡県福岡市東区箱崎1-22-1
- 092-641-7431
- JR箱崎駅より徒歩約8分、または福岡市営地下鉄箱崎宮前駅より徒歩約3分

住吉神社《すみよしじんじゃ》

神功皇后の新羅遠征を助けた住吉の神の荒魂

当社の起源については『日本書紀』がくわしく述べている。それによると、神功皇后の新羅遠征に先立って住吉神は「和魂《にぎみたま》は王身《みついで》に服《したが》いて寿命を守らむ。荒魂《あらみたま》は先鋒《さき》として師船《みいくさのふね》を導かむ」と託宣された。このお告げに力を得た神功皇后の軍は大勝利を収め、その凱旋時に再び神託があった。「我が荒魂をば穴門《あなと》山田《やまだ》邑《むら》に祭《いわ》わしめよ」

以後、長門国《ながとのくに》一宮として、また武神として崇敬を集めてきた。

応安《おうあん》3年(1370)に守護大名・大内弘世《おおうちひろよ》が寄進した本殿(国宝)。めずらしい流造《ながれづくり》と春日造《かすがづくり》の折衷形となっている。

住吉神社《すみよしじんじゃ》

- 住吉大神、応神天皇、武内宿祢命、神功皇后、建御名方命
- 山口県下関市一の宮住吉1-11-1
- 083-256-2656
- JR新下関駅下車、徒歩約20分

住吉大社《すみよしたいしゃ》

商都大阪の基礎を作った航海の守護神

住吉大神《すみよしのおおかみ》とは伊弉諾尊《いざなぎのみこと》が海で禊《みそぎ》をされた時に海の底・海中・海面で生まれた底筒男命《そこつつのおのみこと》・中筒男命《なかつつのおのみこと》・表筒男命《うわつつのおのみこと》の3柱の神のことをいう。神功皇后が新羅へ遠征した際に戦いを勝利に導いた航海の守護神だと伝わる。神功皇后は遠征の帰途、神託により現在の地に住吉大神を祀ったとされる。その後、神功皇后も合祀された。10月17日に行われる宝之市《たからのいち》神事は神功皇后が始められた日本最古の市とされ、商都大阪の起源ともいう。

4棟がL字に並ぶ本殿(国宝)。伊勢神宮の神明造、出雲大社の大社造とともに最古の社殿形式とされる住吉造で建てられている。

住吉大社《すみよしたいしゃ》

- 住吉大神(底筒男命、中筒男命、表筒男命)、息長足姫命(神功皇后)
- 大阪府大阪市住吉区住吉2-9-89
- 06-6672-0753
- 阪堺電気軌道住吉鳥居前駅下車すぐ、または南海鉄道住吉大社駅より徒歩約3分

生田神社《いくたじんじゃ》

神功皇后の新羅遠征の帰途に現れた女神

神功皇后摂政元年（201）、神功皇后が新羅遠征の帰途、船が進まなくなったので神占を行ったところ、稚日女尊《わかひるめのみこと》が現れ「活田長峡国《いくたながおくに》に居《お》りたい」という託宣をしたため、生田の地に祀られたという。当初は砂山《いさごやま》に鎮座していたが、延暦《えんりゃく》18年（799）の洪水で山が崩れたため、生田の森に遷座したと伝わる。なお、神戸という地名は朝廷が神戸《かんべ》（収穫や労働力を神社に納める地区・住民のこと）を授けたことに由来する。

稚日女尊を祀る社殿。鮮やかな朱色が印象的だが、社殿だけではなく楼門や末社も朱色に塗られている。

生田神社《いくたじんじゃ》

- 稚日女尊
- 兵庫県神戸市中央区下山手通1-2-1
- 078-321-3851
- JR三ノ宮駅より徒歩約10分

長田神社《ながたじんじゃ》

鬼が災いを祓《はら》い清める恵美主《えびす》さまの神社

社伝によると、神功皇后が新羅遠征から帰られた時、武庫《むこ》の港で事代主神《ことしろぬしのかみ》の「吾《わ》れを長田の国に祀れ」という神託があり、この地に鎮座されたのが始まりで、後に宮中八神殿の一柱として奉斎される。福神信仰が広まった中世には御祭神の事代主神を恵美主様と同一視する信仰が広まり、各地から参拝者が集まった。当社はまた、古い形を残す追儺《ついな》式（節分の豆まきの原形）が行われることでも知られる。

現在の社殿は昭和3年（1928）に再建されたもの。神戸市内で戦災を免れた唯一の大社殿。

長田神社《ながたじんじゃ》

- 事代主神
- 兵庫県神戸市長田区 長田町3-1-1
- 078-691-0333
- 神戸市営地下鉄長田神社前駅より徒歩約7分

廣田神社《ひろたじんじゃ》

←境内総面積は53000平方メートルある。L字に折れ曲がるゆるやかな石段が参拝者の期待をふくらませる。拝殿前の広場に出ると広々とした気分になる。

↑廣田神社は神功皇后が兜を埋めたという甲山《かぶとやま》山麓に鎮座していたが、水害を恐れ享保《きょうほう》12年(1727)に現在地に遷座した。現在地も六甲山を背に大阪湾を見晴るかす地で、近畿守護にふさわしい場所である。

天照大神の荒魂《あらみたま》を祀る 伊勢大神宮御同体の社

『日本書紀』によると、神功皇后が新羅遠征から凱旋した時、西宮《にしのみや》の沖で天照大神から次のような託宣を受けたという。「わが荒魂（戦の時などに現れる神霊の荒々しい面）を皇后のそばに置いておくのはよくない。廣田国《ひろたのくに》に鎮座させるのがよい」。こうした由緒から伊勢大神宮御同体の神社と崇敬を集め、『延喜式《えんぎしき》』の名神大社に列し、王城鎮護の二十二社の一社にも選ばれている。

廣田神社《ひろたじんじゃ》

- 天照大御神之荒御魂
- 兵庫県西宮市大社町7-7
- 0798-74-3489
- JR西宮駅よりバス約12分「広田神社前」下車、徒歩約1分

宇佐神宮《うさじんぐう》

←下宮（御炊宮《みけみや》）。嵯峨《さが》天皇の勅願によって創建され、上宮本殿と同様に主祭神3柱（八幡大神・比売大神・神功皇后）を祀る。古より、「下宮参らにゃ片参り」と言われている。

↑勅使門。内郭の南正門で、南中楼門ともいう。勅使が参拝する時に開かれる。高良大明神と阿蘇大明神を御門の神として祀っている。

「神仏習合」発祥の地 全国の八幡社の総本宮

八幡大神は時代の要請により次第に信仰が広まっていった。朝廷で重視されるようになったきっかけは、養老《ようろう》4年（720）に隼人《はやと》の乱を神威によって鎮定したことで、神護景雲《じんごけいうん》3年（769）の弓削道鏡《ゆげのどうきょう》による皇位簒奪未遂事件においても道鏡の野望を打ち砕く役割を果たし、国の危機を救う神として知られるようになった。また、東大寺大仏の建立を助けたことから、仏教との関わりを深めた。

⛩ 宇佐神宮《うさじんぐう》

- 八幡大神、比売大神、神功皇后
- 宇佐市南宇佐2859
- 0978-37-0001
- JR宇佐駅よりバス約10分「宇佐八幡」下車すぐ

氣比神宮《けひじんぐう》

応神《おうじん》天皇と名前を交換した越前国の神

『古事記』『日本書紀』は氣比神宮の御祭神について不思議な神話を載せている。それによると、御祭神は皇子時代の応神天皇と名前を交換したというのである。神は名前交換のお礼としてイルカを天皇に贈ったことから御食津《みけつ》大神とも呼ばれる。皇室との関係は父の仲哀天皇の頃から深く、敦賀《つるが》まで行幸されたと伝えられる。このように当社が重視されたのは海陸の要所であったからで、北陸道総鎮守と仰がれ、越前国一宮に選ばれた。

中鳥居越しに外拝殿を望む。中鳥居の手前を左に行くと、寿命が延びる霊水が湧く長命水がある。大宝《たいほう》2年(702)に湧き出したものという。

氣比神宮《けひじんぐう》

- 伊奢沙別命、仲哀天皇、神功皇后、応神天皇ほか
- 福井県敦賀市曙町11-68
- 0770-22-0794
- JR敦賀駅よりバス約5分「気比神宮前」下車すぐ

誉田八幡宮《こんだはちまんぐう》

応神天皇の御陵に隣り合って鎮まる

誉田八幡宮という社名は応神天皇の諱の誉田別尊《ほんだわけのみこと》に由来している。そもそもこの地は応神天皇が幼少の頃に住んでいた地であり、そうしたゆかりから陵が築かれたという。

社伝によると当社の創建は欽明《きんめい》天皇の勅によるもので、当社に参籠して八幡神の示現を受けた欽明天皇は一代に一度当社へ行幸すべきことを定めたとされる。

その後、聖徳太子《しょうとくたいし》・行基《ぎょうき》・弘法《こうぼう》大師・菅原道真《すがわらのみちざね》などが参籠したと伝わる。

拝殿。右手の方に進むと放生橋という太鼓橋があり、その向こうが応神天皇陵。9月の大祭では神輿が橋の横を通って御陵内に入る。

誉田八幡宮《こんだはちまんぐう》

- 応神天皇
- 大阪府羽曳野市誉田3--2-8
- 072-956-0635
- 近鉄古市駅より徒歩約10分

高津宮《こうづぐう》

↑拝殿。当社は仁徳天皇の徳を慕った清和《せいわ》天皇が9世紀半ばに仁徳天皇の宮（高津宮）の跡地に神社を創建したことに始まる。その後、豊臣秀吉《とよとみひでよし》の命により現在地に遷座した。

←表参道の石段。江戸時代には石段上の絵馬堂付近が眺望の名所とされ、遠眼鏡（望遠鏡）を覗かせながら説明をする遠眼鏡屋もいたという。

写真提供：（公財）大阪観光局

仁徳《にんとく》天皇が民の竈《かまど》の煙を望んだ高津宮《たかつのみや》の跡地に創始

『古事記』『日本書紀』によると、仁徳天皇は宮から望んだ民家から竈の煙が昇っていないことから民の窮乏を知り、3年間税を免除したという。

その間に宮殿は荒れ、雨漏りさえしたというが、天皇は竈の煙が上がるのを確認するまで徴税を許さなかった。その宮の跡に創建されたのが当社である。江戸時代には庶民の参拝で賑わい、「高津の富」「高津狐」などの落語の舞台ともなっている。

⛩ **高津宮《こうづぐう》**

- 仁徳天皇ほか
- 大阪市中央区高津1-1-29
- 06-6762-1122
- 大阪メトロ谷町九丁目駅より徒歩約5分

椿大神社《つばきおおかみやしろ》

社名の由来には諸説がある。かつてはこの地が椿の繁茂地であったという説や、皇大神宮（内宮）の椿御園があったという説もあるが、今の境内は杉木立の中だ。

仁徳天皇の霊夢により社名を改めた古社

当社は主神として猿田彦大神《さるたひこおおかみ》を祀り、相殿に皇孫・瓊々杵尊《ににぎのみこと》、栲幡千々姫命《たくはたちぢひめのみこと》を、配祀に天之鈿女命《あめのうずめのみこと》、木花咲耶姫命《このはなさくやひめのみこと》を祀っている。猿田彦大神は高千穂の峰に瓊々杵尊らを御先導した功績により、肇国《ちょうこく》の礎を成した大神として、垂仁《すいにん》天皇の御代に社殿が奉斎されたと伝わり、日本最古の神社ともいわれる。

仁徳天皇の御代、御霊夢により「椿」の字を持って社名とされ、今に至る。

椿大神社《つばきおおかみやしろ》

猿田彦大神、瓊々杵尊、栲幡千々姫命、天之鈿女命、木花咲耶姫命、行満大明神
三重県鈴鹿市山本町1871
059-371-1515
近鉄四日市駅よりバス約60分「椿大神社」下車、徒歩約2分

出羽三山神社《でわさんざんじんじゃ》

吉野・熊野に並ぶ修験道の霊地

出羽三山とは月山《がっさん》・羽黒山《はぐろさん》・湯殿山《ゆどのさん》のことをいう。羽黒山・湯殿山は独立峰ではないが、いずれも東北有数の霊山とされ、吉野や熊野に並ぶ修験道の根本道場とされてきた。

この出羽三山は、崇峻《すしゅん》天皇の皇子の蜂《はち》子皇子《このおうじ》を御開山として崇めている。皇子は苦行の末に羽黒権現の示現を受けて、羽黒山の山頂に祠を創建したと伝えられている。

中世以降は寺院も多く建てられたが、明治の神仏分離により一部を除いて神社に転じた。

三山それぞれに神社（月山神社・出羽神社・湯殿山神社）が鎮座するが、月山・湯殿山は、冬期は登拝できないため、羽黒山に三山の神を祀る三神合祭殿《さんじんごうさいでん》が建てられている。

出羽三山では、今も山伏たちの吹くほら貝の音が山内に鳴り響く。

蜂子皇子尊像（出羽三山神社蔵）。出羽三山の開祖とされる蜂子皇子は多くの人の苦を除いたことから能除太子《のうじょたいし》・能除仙《のうじょせん》と呼ばれる。

月山神社・出羽神社・湯殿山神社の御祭神を合祭する三神合祭殿は文政《ぶんせい》元年（1818）の再建。間口25m、奥行20m、高さ28m。日本最大級の茅葺《かやぶき》建築物（重文）。

月山は標高1984mの火山。月を思わせるなだらかな山容で、山頂の月山神社には月読命《つくよみのみこと》が祀られている。

⛩ 出羽三山神社《でわさんざんじんじゃ》

- 月讀命（月山神社）、伊氐波神、稲倉魂命（出羽神社）、大山祇命、大己貴命、少彦名命（湯殿山神社）
- 山形県鶴岡市羽黒町手向字手向7（出羽三山神社社務所）
- 0235-62-2355
- JR鶴岡駅前よりバス約53分「羽黒山頂」下車、徒歩約5分（出羽神社）

第10代崇神天皇～第25代武烈天皇

当初、有力な豪族たちと畿内で連合政権を築いていた大和王権は、中央集権国家となる過程で西日本を統一し、4世紀末には朝鮮に進出していった。

第10代
崇神《すじん》天皇

生 前148～前30
在 前97～前30

開化《かいか》天皇の第2皇子で、神武《じんむ》天皇と同じ「ハツクニシラス」の諡号《しごう》を持つことから、事実上の初代天皇とする説もある。疫病の流行の際には三輪山《みわやま》に大物主神《おおものぬしのかみ》を祀って祟りを鎮め、朝廷に服さない遠隔の地に四道《しどう》将軍を派遣して大和国家の範囲を広めた。また、宮中に祀られていた天照大御神《あまてらすおおみかみ》を笠縫邑《かさぬいむら》に遷したとされる（のちに天照大御神は、皇女・倭姫命《やまとひめのみこと》によって伊勢神宮に遷座）。

第11代
垂仁《すいにん》天皇

生 前69～70
在 前29～70

崇神天皇の第3皇子。神託により伊勢に斎宮《さいぐう》を建て、皇女・倭姫命に命じて天照大御神を祀らせた（内宮《ないくう》の起源）。また、殉死を禁止して埴輪《はにわ》に代えさせたという。

第12代
景行《けいこう》天皇

生 前13～130
在 前71～130

垂仁天皇の第3皇子。自ら中国地方や九州を平定したのち、第2皇子の倭建命《やまとたけるのみこと》（日本武尊）を各地に派遣して勢力を拡大した。

第13代
成務《せいむ》天皇

生 84～190
在 131～190

景行天皇の第4皇子。蘇我《そが》氏の始祖で、5代の天皇に仕えた武内宿禰《たけのうちのすくね》を大臣《おおおみ》とした。また、国《くに》・郡《こおり》・県《あがた》・邑《むら》を定めて国造《くにのみやつこ》・県主《あがたぬし》などを置いたと伝わる。

倭建命《やまとたけるのみこと》記（日本武尊紀）とは？

景行天皇の第4皇子で、幼名は小碓命《おうすのみこと》。父の命により熊曾《くまそ》征伐におもむき、女装して熊曾建《くまそたける》を討ったエピソードは有名。その後、東征に向かう途中で倭姫命より天叢雲剣《あめのむらくものつるぎ》（草薙剣《くさなぎのつるぎ》）を授かり東国の蝦夷《えみし》を平定するが、その帰途に伊勢の能褒野《のぼの》で病死したと伝わる。現在では、大和朝廷発展の過程を倭建命というひとりの人物に集約したものとも考えられている。

第14代
仲哀《ちゅうあい》天皇

生 ?～200
在 192～200

倭建命の遺児で、皇后は息長帯比売命《おきながたらしひめのみこと》（神功《じんぐう》皇后）。熊襲を討つため出征するが、神託に背いたため、神の怒りに触れて急死したという。

神功《じんぐう》皇后とは？

父は開化天皇の曽孫で、母は新羅《しらぎ》から渡来した天之日矛《あめのひぼこ》の玄孫と伝わる。夫である仲哀天皇が急死したのち、大臣の武内宿禰とともに朝鮮半島に遠征し、新羅、百済《くだら》、高句麗《こうくり》を帰服させた。帰国後、筑紫《ちくし》で品陀和氣命《ほんだわけのみこと》（応神《おうじん》天皇）を生み、大和に戻って香坂王《かごさかのみこ》・忍熊王《おしくまのみこ》の反乱を収めたのち、応神天皇を皇太子に立てて約70年間国政をとったという。

『歴代天皇肖像画』提供：彌彦神社（▶p160）／『武者かゞみ 一名人相合 南伝二』神功皇后、日本武尊（国立国会図書館蔵）

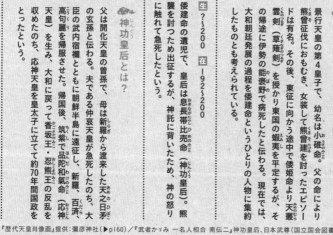

第15代
応神《おうじん》天皇

生 200〜310 在 270〜310

仲哀天皇の第4皇子で、父が没したときに母の胎内にあったため胎中《たいちゅう》天皇とも呼ばれる。大陸から優れた文化や技術を導入し、諸国を広く治めたという。

第16代
仁徳《にんとく》天皇

生 257〜399
在 313〜399

応神天皇の第4皇子。難波《なにわ》の高津宮《たかつのみや》を都としたため、難波天皇とも呼ばれる。狭山池《さやまいけ》や茨田堤《まんだのつつみ》などを築かせて河内《かわち》平野の開拓を進めたほか、人家から炊煙の上がらないのを見て3年の間税を免除するなどの仁政を行ったという。また、朝鮮・中国との外交を通して文化を向上させ、大和朝廷の最盛期を築いたとされる。仁徳天皇陵古墳は日本最大の前方後円墳として知られる。

第17代
履中《りちゅう》天皇

生 ?〜405 在 400〜405

仁徳天皇の第1皇子。弟の墨江中王《すみのえのなかつみこ》の反乱を収めたのち即位したが、約5年後に崩御。諸国に国史《ふみひと》と呼ばれる書記官をおき、地方の情報を集めたという。

第18代
反正《はんぜい》天皇

生 ?〜410 在 406〜410

仁徳天皇の第3皇子。履中天皇の同母弟で、身の丈九尺二寸（2・8m）の偉丈夫だったという。河内の多治比《たじひ》の柴垣宮《しばがきのみや》（松原市）で即位したが、在位5年で崩御した。

第19代
允恭《いんぎょう》天皇

生 ?〜453 在 412〜453

仁徳天皇の第4皇子。病気を理由に何度も即位を辞退したが、后や多くの臣下の強い求めで天皇になったという。氏姓の乱れを正すため盟神探湯《くがたち》を行ったとされる。

第20代
安康《あんこう》天皇

生 401〜456 在 453〜456

允恭天皇の第2皇子。兄の木梨軽皇子《きなしのかるのみこ》を追放して即位し、都を石上《いそのかみ》の穴穂宮《あなほのみや》（天理市）に定めたが、攻め殺した異腹の兄弟・大日下王《おおくさかのみこ》の遺児に刺されて崩御した。

第21代
雄略《ゆうりゃく》天皇

生 418〜479 在 456〜479

允恭天皇の皇子とされる。同母兄であった安康天皇を殺した目弱王《まよわのおおきみ》を殺害し、履中天皇の皇子の市辺押磐皇子《いちへのおしいわのみこ》とその弟も殺して即位。強大な権力を誇ったという。

第22代
清寧《せいねい》天皇

生 444〜484 在 480〜484

雄略天皇の第3皇子で、生まれながらの白髪だったと伝わる。皇位を奪おうと反乱した異母兄弟の星川皇子《ほしかわのみこ》を、父の側近だった大伴室屋《おおとものむろや》の協力を得て討伐し即位した。

第23代
顕宗《けんぞう》天皇

生 450〜487 在 485〜487

雄略天皇に殺された市辺押磐皇子の二人の子、億計《おけ》・弘計《をけ》兄弟の弟。兄とともに播磨に逃れていたが、清寧《せいねい》天皇に迎え入れられ、兄に先んじて即位した。

第24代
仁賢《にんけん》天皇

生 449〜498 在 488〜498

在位2年あまりで崩御した弟・顕宗天皇の跡を継いで即位。温厚篤実な人格者だったといわれており、父の仇である雄略天皇の娘・春日大娘皇女《かすがのおおいらつめのひめみこ》を皇后とした。

第25代
武烈《ぶれつ》天皇

生 489〜506 在 498〜506

仁賢天皇の皇子。妊婦の腹を裂いたり、女性と馬を交わらせるなど、奇怪な遊びを繰り返したという。皇子がないまま在位8年ほどで没した。

※ 生 生没年 在 在位した年数（いずれも西暦）

意外かもしれないが、天皇と仏教の関係は深い。

たとえば、大仏で有名な東大寺を創建した第45代の聖武《しょうむ》天皇は自らを「三宝《さんぼう》（仏教で重視する仏・教え・僧のこと）の奴《やっこ》」と称したと伝えられるし、第54代の仁明《にんめい》天皇のように皇位にありながら出家した天皇もいる。

譲位後のことではあるが第59代の宇多《うだ》天皇は仁和寺《にんなじ》を創建し、真言宗御室《おむろ》派の祖となった。内裏には御黒戸《おくろど》という仏間があったし、第87代の四条《しじょう》天皇以後は仏式の葬儀が多い。

しかし、これは驚くほどのことではない。当時は神仏習合の時代であったので、天皇といえども世の平安や死後の極楽往生を仏に祈るのは普通のことで、神道をないがしろにしたわけではない。それどころか、天皇は日本の歴史を通して神道を束ねる存在であり続けた。

律令制においては全国の神社は神祇官《じんぎかん》

Column-02

天皇家と神道・仏教

によって統括されており、2月4日の祈年祭では各神社に幣帛《へいはく》（祭祀料）が配られた。この制度の背景には、天照大神が神道の最高神として八百万《やおよろず》の神々を統括するという信仰がある。

天照大神の子孫であり地上における代行者である天皇は、皇祖神を除く神々の上に立つ存在であり、その神々を祀る神社も天皇の統治に従うべきだというわけである。

神祇官が幣帛を配る班幣制度は遠方の神社が出仕を嫌がったため、神社を朝廷が直接管理する官幣社と国司が管理する国幣社に分ける官国幣社制度へと移行した。やがてこの制度も形骸化するのであるが、天皇がすべての神社を統括するという考えは近代まで維持された。

ちなみに、奈良時代以降は天皇の葬儀に僧が出仕するようになった。現在のように純粋に神式で行われるようになったのは明治時代以降である。

第三章

河内王朝の断絶と飛鳥時代

6世紀になり大陸から仏教がもたらされた。
聖徳太子は仏教に基づく国づくりを模索し、
その試みは朝廷内で受け継がれていった。

第26代継体天皇～第42代文武天皇

仏教伝来と律令制の確立

継承の危機を乗り越えた継体《けいたい》天皇の即位

第25代の武烈《ぶれつ》天皇は残虐な性格だったとされ『日本書紀』の評価は厳しいが、それ以上に問題であったのは皇嗣が存在していないことであった。

天皇家は断絶の危機に直面することになったのである。

この事態に対処をしたのが大伴《おおとも》の金村《かなむら》であった。金村は越前国三国（福井県坂井市）に使者を送り、人格者として知られていた応神天皇の5世の孫（母は垂仁《すいにん》天皇の7世孫）である袁本杼命《おおどのみこと》を次代の天皇として迎えた。第26代継体天皇である。

これほど血筋が離れた間柄で皇位の継承が行われたことは、これ以前にもこれ以降にもなく、いかに事態が危機的だったかがうかがい知れる。しかし、金村の判断は

『太子伝記』（国立国会図書館蔵）より、35歳の聖徳太子が推古天皇に勝鬘経《しょうまんぎょう》（仏教の経典の一つ）を講じる様子を描いた場面。同時期に聖徳太子は、仏教を学ぶ場として法隆寺を建立した。ちなみに、太子が建立した法隆寺は60年後に火災で焼失。現在の建物はその後、再建されたものといわれている。

正しかったようで、以後は安閑《あんかん》天皇・宣化《せんか》天皇・欽明《きんめい》天皇と継体天皇の皇子が皇位に就く安定期に入る。ちなみに『古事記』は継体天皇が住んでいたのは越前ではなく近江であったとしている。

朝鮮半島の動乱と日本への仏教伝来

継体～欽明天皇の時代は国内的には安定していたが、朝鮮半島は動乱期に入っていた。百済《くだら》・新羅《しらぎ》・高句麗《こうくり》の三国の対立が先鋭化し、存亡をかけた戦いが繰り返されていた。そんな中で百済より仏教が公式に伝えられた。『日本書紀』では欽明天皇の御代《みよ》だとする。これは単なる文化外交ではなく、日本との同盟の絆を強めるためだったと考えられている。

『太子伝記』（国立国会図書館蔵）より、聖徳太子の没後、太子の子・山背大兄王の一族を天人・天女が迎えに来る様子。世間の人望を集めていた山背大兄王だったが、蘇我入鹿の襲撃を受け、斑鳩宮（法隆寺）で妻子とともに自殺したという。

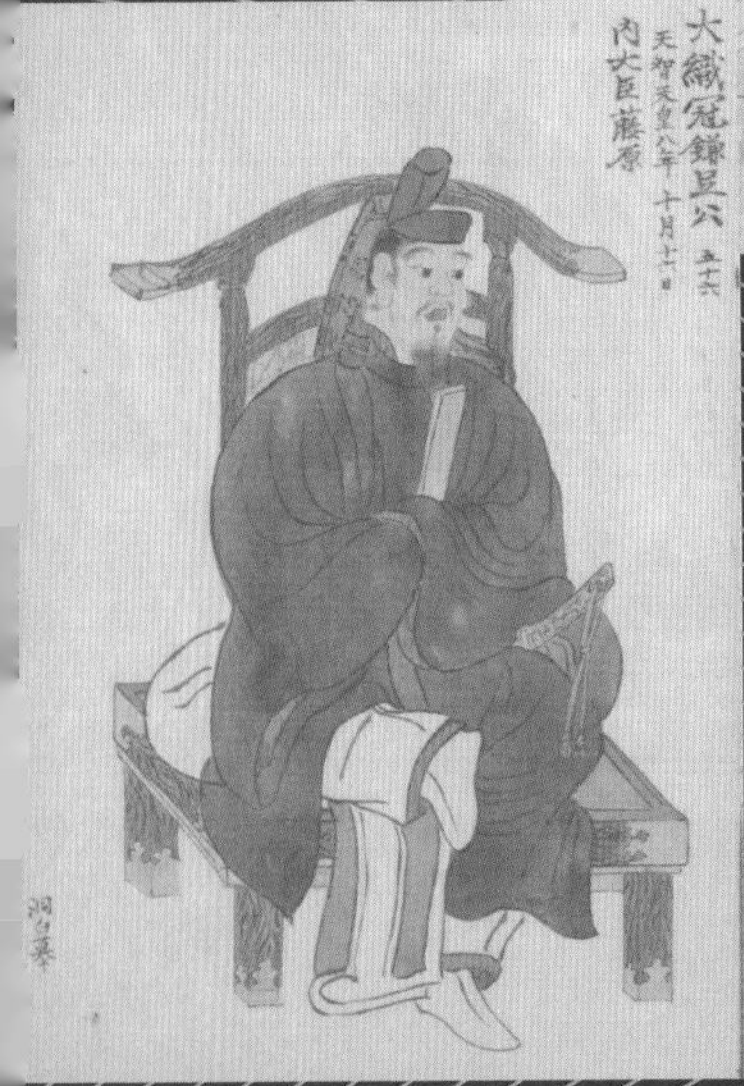

『肖像』（国立国会図書館蔵）より「大織冠鎌足公」。「大織冠」とは古代に制定された冠位の最上位で、これを与えられたのは藤原鎌足のみだった。

仏教の受容をめぐる争いと聖徳太子の登場

第29代欽明天皇は百済からもたらされた仏像の美しさに感嘆しつつも、仏教を受容すべきか判断しきれず、群臣に意見を求めたと『日本書紀』は語る。これに対して蘇我稲目《そがのいなめ》は西方諸国がみな仏教を受け入れていることを指摘して日本も受容すべきと主張したが、物部尾輿《もののべのおこし》と藤原《ふじわらの》鎌子《かまこ》は八百万《やおよろず》の神々を祀るべき天皇が異国の神を祀ったりしたら祟りがあるに違いないと言って反対をした。

朝廷での勢力争いを反映したこの仏教受容をめぐる対立は、第32代崇峻《すしゅん》天皇の御代に武力衝突に発展し、蘇我氏が物部氏を滅ぼすという結果に終わった。この戦いには少年時代の聖徳太子《しょうとくたいし》も参戦したと伝えられており、戦勝の報恩として建立したのが四天王寺《してんのうじ》だとされる。

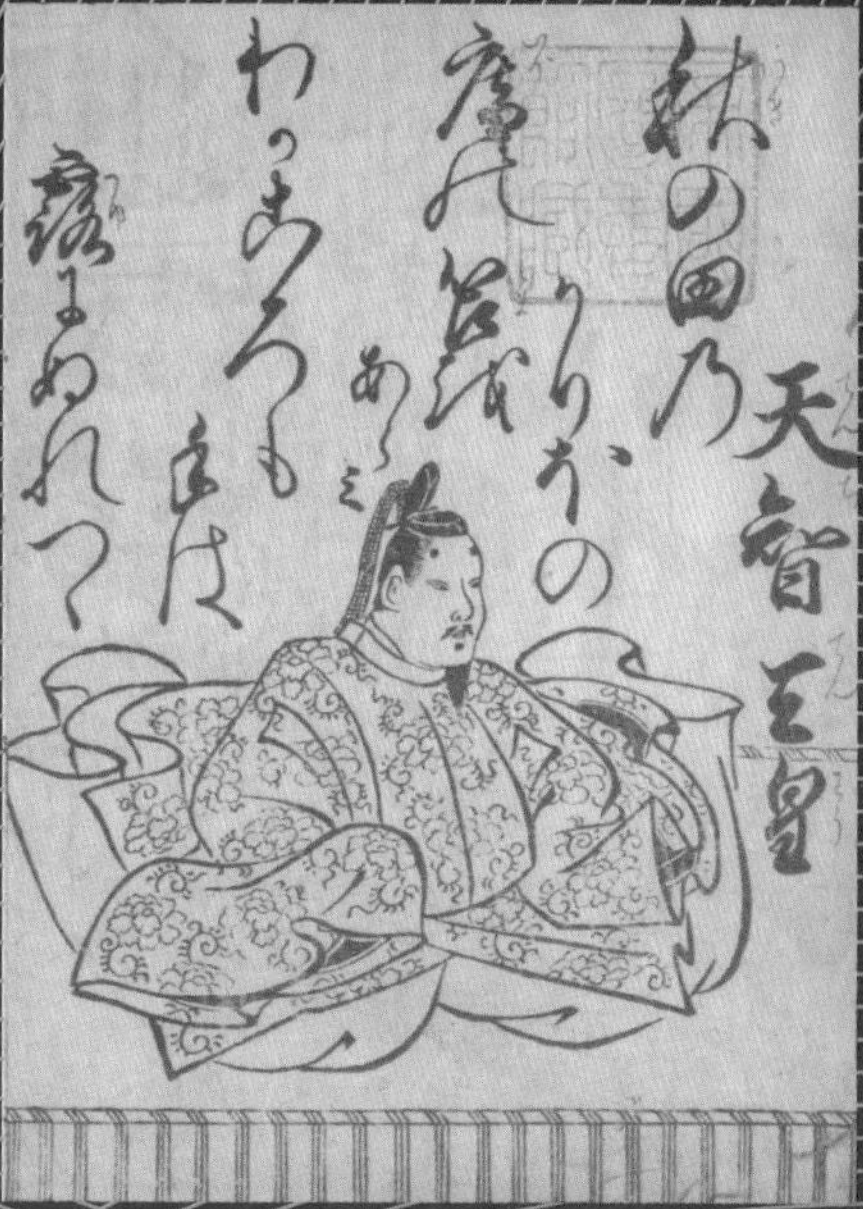

菱川師宣画『小倉百人一首』（国立国会図書館蔵）より天智天皇。天智天皇は中臣鎌足らと蘇我氏を討ち大化の改新を断行。律令体制の礎を築いた。

菱川師宣画『小倉百人一首』（国立国会図書館蔵）より持統天皇。現在も続く伊勢神宮の式年遷宮は、天武天皇が制度化し、持統天皇の御代に最初に行われたという。

乙巳《いっし》の変での蘇我氏滅亡と式年遷宮の始まり

第33代推古《すいこ》天皇は聖徳太子と蘇我馬子《うまこ》の2人を支えとして政治を行い、この時代に仏教は日本に定着した。しかし、太子が49歳で没してしまうと蘇我氏の権勢を留めるものがなくなり、専制状態になっていった。

この事態にストップをかけたのが、皇《こう》極《ぎょく》天皇4年（645）の乙巳の変であった。すなわち、中大兄皇子《なかのおおえのおうじ》（のちの第38代天智《てんじ》天皇）と中臣鎌足《なかとみのかまたり》による蘇我入鹿《いるか》暗殺である。

これ以降、天皇を中心とした中央集権化が進められていった。また、神社に対する朝廷の関与も本格化していった。なお、伊勢神宮の式年遷宮は第40代天武《てんむ》天皇の御代に発意され、第41代持統《じとう》天皇の御代から始められたという。

交野天神社《かたのてんじんじゃ》

桓武《かんむ》天皇が父王を祀った継体《けいたい》天皇の樟葉宮《くすばのみや》跡

交野天神社は延暦《えんりゃく》6年（787）、第50代桓武天皇が父の第49代光仁《こうにん》天皇を天津神《あまつかみ》として祀ったことに始まるという。しかし、この地の歴史は、それよりも200年以上さかのぼる。

継体天皇が即位の年から5年間、樟葉宮をおいた場所とされるからだ。ここで天皇は農業と養蚕《ようさん》の重要性を説き、天皇自ら耕し、皇后自ら蚕を飼って範を示すべきと述べたという。

三の鳥居越しに拝殿を望む。継体天皇の樟葉宮跡は本殿の奥の末社貴船神社が鎮座する所という。

交野天神社《かたのてんじんじゃ》

- 光仁天皇、天兒屋根命、菅原道眞
- 大阪府枚方市楠葉丘2-19-1
- 072-857-7332
- 京阪電車楠葉駅より徒歩約15分

足羽神社《あすわじんじゃ》

継体天皇が自らの生御霊《いきみたま》を鎮めた社

足羽神社の起源は継体天皇が即位前に越前国にいた頃にさかのぼるとされる。この地で天皇は治水などに取り組まれたが、その際に越前平野が見晴らせる足羽山《あすわやま》に社を建てて大宮地之霊《おおみやどころのみたま》（宮中で祀られる5柱の神）を祀り、工事の無事を祈ったのが当社の始まりとされる。

その後、天皇は即位のために畿内へ行くこととなったため、自らの生御霊を国の守りとして鎮めたとされ、以後当社の主祭神となった。

拝殿。手前左に写っている桜は福井市の天然記念物に指定されているシダレザクラ。樹齢370年。

足羽神社《あすわじんじゃ》

- 継体天皇、大宮地之霊
- 福井県福井市足羽1丁目8-25
- 0776-36-0287
- 福井鉄道足羽山公園口駅より徒歩約10分

四天王寺《してんのうじ》

金堂と五重塔。四天王寺は南から北へ中門・五重塔・金堂・講堂が一直線に並び、中門と講堂をつなぐ回廊が五重塔と金堂を囲っていた。これを四天王寺式伽藍配置という。

聖徳太子創建による最初の官寺

四天王寺の起源は、仏教の受容をめぐって物部氏と蘇我氏が戦った用明《ようめい》天皇2年（587）にさかのぼる。蘇我氏に加勢していた聖徳太子は四天王に勝利を祈願し、その報恩として推古天皇元年（593）に四天王寺を創建したのだという。

その後、太子ゆかりの寺として崇敬されてきたが、平安時代には寺の西門から夕日が拝せることから極楽浄土の東門としても信仰されるようになった。

荒陵山《こうりょうざん》四天王寺《してんのうじ》

- 救世観音菩薩
- 大阪府大阪市天王寺区四天王寺1-11-18
- 06-6771-0066
- 大阪地下鉄四天王寺前夕陽ヶ丘駅より徒歩約5分、またはJR・大阪地下鉄天王寺駅より徒歩約12分

法起寺《ほうきじ》

最古の三重塔に聖徳太子を偲ぶ

法起寺は、岡本《おかもと》尼《に》寺《じ》・岡本寺・池後寺《いけじりでら》とも呼ばれる。聖徳太子が『法華経』の講義を行った岡本宮《おかもとのみや》跡に建っているからだ。

記録によると、太子の長子の山背大兄王《やましろのおおえのおう》が太子の遺言に従って創建したのだという。

国宝の三重塔は高さ24メートルあり、慶雲《けいうん》3年（706）の竣工とされる。飛鳥《あすか》建築独特の雲斗《くもと》雲肘木《くもひじき》（屋根を支える横木）や卍崩しの高欄などが程よい装飾となっている。

法起寺の三重塔。境内には三重塔のほか講堂（本堂）・聖天堂・収蔵庫・南大門（表門）などがある。

岡本山《おかもとさん》 法起寺《ほうきじ》

- 十一面観音菩薩立像
- 奈良県生駒郡斑鳩町大字岡本1873
- 0745-75-5559
- JR・近鉄王寺駅よりバス約15分「法起寺口」下車、徒歩約10分

広隆寺《こうりゅうじ》

聖徳太子が授けた仏像を本尊として創建

広隆寺は聖徳太子の近臣・秦河勝《はたのかわかつ》が太子より授かった仏像を本尊として推古《すいこ》天皇11年（603）に創建したとされる。国宝第1号として知られる弥勒菩薩半跏《はんか》像（宝冠弥勒、霊宝殿安置）が、その太子下賜の像ではないかと考えられている。

このほかにも泣き弥勒と呼ばれる木造弥勒菩薩半跏像（霊宝殿安置）、木造阿弥陀如来坐像（講堂安置）など、国宝・重要文化財の仏像を多数所蔵している。

三条通に面して建つ南大門。元禄《げんろく》15年（1702）建立。室町時代の仁王像を安置する。

蜂岡山 広隆寺《こうりゅうじ》

- 聖徳太子立像
- 京都府京都市右京区太秦蜂岡町32
- 075-861-1461
- 嵐電太秦広隆寺駅下車すぐ、またはJR太秦駅より徒歩約13分

中山寺《なかやまでら》

中山寺の夜景。五重塔・多宝塔などがライトアップされている。五重塔が青いのは仏の智慧と東方守護の青龍をイメージしたため。平成29年（2017）再建。

聖徳太子が創建した日本最初の観音霊場

中山寺は聖徳太子によって創建されたと伝えられ、西国観音巡礼の起源となった古刹である。

奈良の長谷寺《はせでら》を開山した徳道《とくどう》上人が、閻魔王《えんまおう》から御宝印を授かり観音信仰の普及を図るも叶わず、三十三の御宝印を中山寺に埋納した。後に花山《かざん》法皇が印を取り出して、西国三十三所霊場を確立させたとされる。

子授け・安産の霊験でも知られ、全国唯一明治天皇御平産祈願所である。

紫雲山 中山寺《なかやまでら》

- 十一面観世音菩薩立像
- 兵庫県宝塚市中山寺2-11-1
- 0797-87-0024
- 阪急中山観音駅より徒歩約1分、またはJR中山寺駅より徒歩約10分

大安寺《だいあんじ》

〝南大寺《なんだいじ》〟繁栄を伝える 9体の天平仏像群

大安寺の起源は聖徳太子が創建した熊凝精舎《くまごりしょうじゃ》（熊凝寺）にあるとされる。その後、移転のたびに名を変え、平城遷都に伴って現在地に移り大安寺となった。

その伽藍の壮麗さから南都七大寺の一つに数えられ、東《とう》大寺《だいじ》・西大寺《さいだいじ》になぞらえて南大寺とも呼ばれた。

讃仰殿《さんごうでん》などに安置される十一面観音立像・馬頭《ばとう》観音立像・楊柳《ようりゅう》観音立像・聖《しょう》観音立像（いずれも重要文化財）などの仏像は、当時の繁栄ぶりを今に伝えている。

本堂。かつての大安寺は南大門・中門・金堂・講堂が南北に並び、南大門の南側に七重塔が2基東西に並ぶという壮麗なものであった。

大安寺《だいあんじ》

- 十一面観音立像
- 奈良県奈良市大安寺2-18-1
- 0742-61-6312
- JR奈良駅よりバス約6分「大安寺」下車、徒歩約10分

鶴林寺《かくりんじ》

太子の遺徳を讃えて建てられた七堂伽藍

物部氏ら排仏派の迫害を逃れるためこの地に身を隠した恵便《えべん》法師から聖徳太子は教えを受け、その報恩に精舎を建立して刀田山四天王寺聖霊院《とたさんしてんのうじしょうりょういん》と名づけたのが当寺の起源とされる。

その後、養老《ようろう》2年（718年）に武蔵の大目《だいさかん》（国司の役職の一つ）・身人部春則《むとべはるのり》が太子の遺徳を顕彰するため七堂伽藍を建立したという。

現在も春の彼岸には太子会式が行われ、山伏たちによる採燈護摩《さいとうごま》が行われる。

本堂（国宝）。応永《おうえい》4年（1397）頃の建立。中世の密教系寺院の本堂に多い折衷様式の代表的建築。

刀田山《とたさん》 鶴林寺《かくりんじ》

- 薬師如来
- 兵庫県加古川市加古川町北在家424
- 079-454-7053
- JR加古川駅よりバス約8分「鶴林寺」下車すぐ、または山陽電鉄尾上の松駅より徒歩約15分

鰐淵寺

がくえんじ

出雲《いづも》大社《おおやしろ》一体とされた推古《すいこ》天皇の勅願寺

寺伝によると智春《ちしゅん》の法力によって眼病が平癒したことを喜んだ推古天皇が、智春上人を開山として推古天皇2年（594）に創建したという。

鰐淵寺には白鳳時代の観世音菩薩立像（重要文化財）が伝わっており、寺の創建が飛鳥時代にさかのぼることを示している。その後、比叡山延暦《ひえいざんえんりゃく》寺《じ》の末寺となり大いに繁栄した。最盛期には3千余の坊があったという。

根本堂。境内の最奥の高い場所に建つ鰐淵寺の本堂。現在の建物は18世紀のもの。円仁作とされる千手観音像と薬師如来像を安置する。いずれも秘仏で御開帳は33年に1度。

浮浪山《ふろうさん》 一乗院《いちじょういん》 鰐淵寺《がくえんじ》

- 千手観世音菩薩・薬師如来
- 島根県出雲市別所町148
- 0853-66-0250
- 一畑電車雲州平田駅よりバス約25分「鰐淵寺駐車場」下車、徒歩約15分

水澤寺（水澤観音）

みずさわでら（みずさわかんのん）

継子いじめから姫を守った観音様

伊香保姫《いかほひめ》は赤城山《あかぎさん》の伝説などに登場するヒロインであるが、水澤寺の縁起にも語られている。

それによると、伊香保姫は三姉妹の末娘で、姉達と同じく継母に殺されそうになるが、危ういところを御持仏の十一面千手観音に助けられたのだという。

当寺の本尊がその観音像で、推古天皇の勅願により高《こ》麗《ま》の高僧・恵灌《えかん》がこの像を本尊として水澤寺を創建したと伝えられる。坂東三十三所霊場第16番札所。

左の本堂（観音堂）は江戸時代中期の建立。右の塔のような建物は同じ年に建てられた六角堂。回転式の壇に六地蔵が安置されている。

五徳山《ごとくさん》 水澤寺《みずさわでら》

- 十一面千手観音立像
- 群馬県渋川市伊香保町水沢214
- 0279-72-3619
- JR高崎駅よりバス約63分「水沢観音」下車、徒歩約1分

観世音寺《かんぜおんじ》

「鎮西《ちんぜい》第一の大寺」の繁栄を偲ばせる巨像群

観世音寺は宝蔵に安置された馬頭観音・不空羂索《ふくうけんさく》観音・十一面観音（重要文化財）が素晴らしい。あらかじめ巨像を拝すると心構えをしていっても圧倒される。かつてはこれらの巨像群にふさわしい伽藍が建ち並んでいたという。

観世音寺は天智天皇が母の斉明天皇の菩提を弔うために朱鳥《しゅちょう》元年（686）に創建した。その大伽藍は鎮西第一と称されたという。

中門跡から講堂（本堂）を望む。講堂は元禄《げんろく》元年（1688）に福岡藩主や博多の豪商の寄進で再建された。創建時はこの2.5倍あった。

清水山 観世音寺

- 聖観音菩薩
- 福岡県太宰府市観世音寺5-6-1
- 092-922-1811
- 西鉄五条駅より徒歩約10分、または西鉄太宰府駅より徒歩約20分

日吉大社《ひよしたいしゃ》

比叡山《ひえいざん》に鎮まる日吉・日枝神社の総本宮

比叡山というと天台宗の総本山延暦寺を連想するが、もともとは大山咋神《おおやまくいのかみ》が鎮座する霊山であることが『古事記』にも書かれている。

古くから朝廷の崇敬を受け、天智天皇は大津への遷都に際して三輪山《みわやま》から大己貴神《おおなむちのかみ》の神霊《みたま》を勧請《かんじょう》して当社に合祀した。平安遷都以後は都の表鬼門を守る社として信仰された。また、延暦寺が創建されてからはその鎮守ともされ、天台宗の広まりとともに全国に分社が建てられた。

西本宮を空から眺める。日吉大社は西本宮・東本宮・宇佐宮《うさぐう》・牛尾宮《うしおぐう》・白山宮《しらやまぐう》・樹下宮《じゅげぐう》・三宮《さんのみや》宮《ぐう》の七社からなる。

日吉大社《ひよしたいしゃ》

- 大己貴神、大山咋神ほか
- 滋賀県大津市坂本5-1-1
- 077-578-0009
- 京阪坂本比叡山口駅より徒歩約10分、またはJR比叡山坂本駅より徒歩約20分

三井寺《みいでら》（園城寺《おんじょうじ》）

←大門（重要文化財）。仁王門ともいう。宝徳《ほうとく》4年（1452）に湖南市の常楽寺《じょうらくじ》の門として建てられたが、豊臣秀吉が伏見城に移し、徳川家康が慶長6年（1601）に当地に移築した。

↑金堂（国宝）。豊臣秀吉の正室の北政所《きたのまんどころ》が慶長《けいちょう》4年（1599 ）に建立。桃山時代を代表する名建築なのだが、桃山風の過剰な装飾は控えられ、和様で統一されている。

何度も蘇った三天皇の産湯の寺

三井寺の起源は、壬申《じんしん》の乱で敗れた大《おお》友皇子《とものおうじ》の霊を慰めるために、御子の大友与多王《よたのおおきみ》が一寺を建立したことにあるという。天武《てんむ》天皇はこの寺に「園城」という勅額を授けたとされ、境内に天智・天武・持統天皇の産湯に使われた井戸があったことから、園城寺・御井寺《みいでら》（三井寺）と呼ばれるようになったという。のちに第5代天台座主の円珍《えんちん》が復興、唐よりもたらした経典などの保存場所とした。

長等山《ながらさん》 園城寺《おんじょうじ》

- 弥勒菩薩
- 滋賀県大津市園城寺町246
- 077-522-2238
- JR大津駅よりバス約11分「三井寺」下車すぐ、または京阪三井寺駅より徒歩約10分

毘沙門堂《びしゃもんどう》

紅葉の毘沙門堂。石段の向こうに見えるのは勅使門。江戸初期の回遊式庭園の晩翠園や、大政所《おおまんどころ》（豊臣秀吉の母）が信仰した弁財天を祀る高台弁財天付近もみごとな紅葉が見られる。

天台の秘法が伝わる 山科の桜と紅葉の名所

京都（天台宗）五箇室門前のひとつに数えられる毘沙門堂は、紅葉の名所として有名だ。春には花見に訪れる人も多い。

毘沙門堂は大宝《たいほう》3年（703）、文武《もんむ》天皇の勅願によって名僧・行基《ぎょうき》が創建した。当時は出雲路にあったため出雲寺と呼ばれた。しかし、たび重なる被災により寛文《かんぶん》5年（1665）に当地に移転。後西《ごさい》天皇の皇子、公弁法親王《こうべんほっしんのう》が入寺されて以来、親王が住職となる宮門跡《みやもんぜき》の格式を保っている。

毘沙門堂門跡《びしゃもんどうもんぜき》

- 毘沙門天
- 京都府京都市山科区安朱稲荷山町18
- 075-581-0328
- JR・市営地下鉄山科駅、または京阪京阪山科駅より徒歩約20分

京都五箇室門跡をめぐる

曼殊院の大書院前の枯山水庭園。白砂で表現された水の流れの中に鶴島と亀島があり、書院は屋形船に見立てられている。

門跡（寺院）とは親王などの高貴な家柄の者が住職をする寺のことで、狭義には親王が住職となる宮門跡をいう。門跡は各宗派にあるが、皇室と関わりが深い天台宗に多く、中でも格式の高い青蓮院・妙法院・三千院・曼殊院・毘沙門堂を五箇室門跡という。

桂離宮《かつらりきゅう》の美意識が取り入れられた門跡寺院

曼殊院の起源は、最澄《さいちょう》が比叡山延暦寺を創建した際に山上に建てた堂の一つにあるという。曼殊院と呼ばれるようになったのは12世紀初め、現在地に移転したのは明暦《めいれき》2年（1656）のことであった。

時の門主は桂離宮を造営した智仁《ともひと》親王の御子の良尚《りょうしょう》法親王《ほうしんのう》であったので、曼殊院の建築や庭園にも桂離宮流の美意識が取り入れられた。ここから「小さな桂離宮」とも呼ばれる。

曼殊院《まんしゅいん》

- 阿弥陀如来立像
- 京都府京都市左京区一乗寺竹ノ内町42
- 075-781-5010
- 叡山電鉄修学院駅より徒歩約20分、または市営地下鉄国際会館駅よりタクシー約8分

妙法院の庫裏（国宝）。庫裏は寺院の厨房などの施設がある建物をいう。この庫裏は豊臣秀《とよとみひで》吉《よし》が文禄《ぶんろく》4年（1595）に父母の供養のために八宗派千人の僧を集めて千僧供養を行った時にその食事を用意したところとされる。通常は非公開。

写真提供：妙法院

妙法院《みょうほういん》

- 普賢菩薩騎象像
- 京都府京都市東山区妙法院前側町447
- 075-561-0467
- 京阪七条駅より徒歩約10分、またはJR京都駅よりバス約11分「東山七条」下車、徒歩約2分タクシー約8分

小御所の東側にある青蓮院の主庭。16世紀はじめに書画の鑑定や絵画・連歌で活躍した相阿弥の作と伝えられる池泉回遊式庭園。

青蓮院《しょうれんいん》

- 熾盛光如来（曼荼羅）
- 京都府京都市東山区粟田口三条坊町69-1
- 075-561-2345
- 市営地下鉄東山駅より徒歩約5分

伝教大師の法燈を継ぐ 比叡山延暦寺の三門跡

青蓮院・三千院・妙法院のことは比叡山延暦寺の三門跡とも呼ばれる。いずれも日本天台宗の開祖・伝教大師最澄が比叡山に作った坊に起源をもつからだ。

妙法院は最澄が比叡山西塔に建てた妙香院《みょうこういん》に始まるとされ、後白河《ごしらかわ》法皇が永暦《えいりゃく》元年（１１６０）に法住寺《ほうじゅうじ》離宮のそばに日吉神社を勧請した時に宮寺として移されたという。

青蓮院は比叡山東塔に最澄が建てた「青蓮坊」が起源で、円仁《えんにん》・安恵《あんね》・相応《そうおう》などの名僧の住坊となった。宮門跡となったのは平安後期とされる。

↑三千院の往生極楽院（重要文化財）。堂内に来《らい》迎《ごう》の様子を表した阿弥陀三尊像（国宝）を安置している。

←客殿の庭園の聚碧園《しゅうへきえん》。ちなみに三千院の本堂は往生極楽院ではなく宸殿《しんでん》で、最澄自刻と伝わる薬師如来像を安置。

三千院《さんぜんいん》

- 薬師瑠璃光如来立像
- 京都府京都市左京区大原来迎院町540
- 075-744-2531
- JR京都駅よりバス約60分「大原」下車、徒歩約10分

美しい阿弥陀堂を取り込んだ流転の宮門跡

三千院というと国宝の阿弥陀三尊像を安置する往生極楽院を思い浮かべる人も多いだろう。しかし、これはもともと三千院とは関係ない貴族の持仏堂《じぶつどう》であった。

三千院は延暦《えんりゃく》年間（７８２〜８０６）に最澄が比叡山東塔南谷の大木の下に一宇を構えたことに始まるとされる。その後、慈覚大師円仁に引き継がれ、平安後期以降、皇族が住持する宮門跡となった。

名前を変えつつ洛中を転々とし、明治４年（１８７１）に現在地に移った。この時、極楽往生院を境内に取り込んだ。三千院の名もこの時からのものである。

鹿島神宮《かしまじんぐう》

国譲りの武神を祀る 常陸国《ひたちのくに》一宮

鹿島神宮の御祭神・武甕槌《たけみかづちの》大神《おおかみ》は、天照大神の命により地上を平定し、統治権を天照大神の子孫に譲ること（国譲り）を大国主神に認めさせた最強の武神だ。それゆえ古くから朝廷や武道家の崇敬を受けてきた。

藤原不比等《ふじわらのふひと》は当社を篤く信仰し、奈良に春日大社《かすがたいしゃ》を創建すると、その第一殿に武甕槌大神を迎えた。この時、神は鹿に乗っていったとされ、その子孫が奈良の鹿だという。

本殿の前から奥宮へと続く奥参道。県指定天然記念物の深い森の中にある。さらに奥には地震を起こす大鯰を押さえている要石《かなめいし》がある。

鹿島神宮《かしまじんぐう》

- 武甕槌大神
- 茨城県鹿嶋市宮中2306-1
- 0299-82-1209
- JR鹿島神宮駅より徒歩約10分

香取神宮《かとりじんぐう》

霊剣の神を祀る 下総国《しもうさのくに》一宮

『日本書紀』では、国譲りのために派遣されることになった神は香取神宮の御祭神である経津主大神《ふつぬしのおおかみ》だとしている。武甕槌大神も名乗りをあげたので二神がともに天下ったという。

「経津主」という名は剣が物を斬る時の「ふつ」という音に由来しており、霊剣の神格化ともいわれる。まさに武神中の武神といえる。

藤原氏は当社のことも崇敬しており、春日大社の第二殿に経津主大神を祀っている。

檜皮葺《ひわだぶき》の屋根が美しい拝殿は昭和15年（1940）に建てられた。奥の本殿は元禄13年（1700）の再建。重要文化財。

香取神宮《かとりじんぐう》

- 経津主大神（伊波比主命）
- 千葉県香取市香取1697-1
- 0478-57-3211
- JR佐原駅よりバス約15分「香取神宮」下車すぐ

春日大社《かすがたいしゃ》

春日大社のシンボル的存在の中門（重要文化財）。この奥に4殿の御本殿（国宝）が建っている。

『春日権現験記』（模写／国立国会図書館蔵）。春日大社の由緒を記したもので、藤原氏一門の西園寺《さいおんじ》公衡《きんひら》が延慶《えんきょう》2年（1309）に春日大社に奉納した。絵を宮廷絵所預の高階隆兼《たかしなたかかね》が描いており、大和絵の最高峰といわれる。20巻。左の絵図は明治時代に出版された模写。

都の守り神としてお祀りした御蓋山《みかさやま》（春日山）の古社

春日大社は国家の安泰と国民の平和を祈念し神護景雲《じんごけいうん》2年（768）に創建され、御本殿には4柱の御祭神が祀られている。鹿島の武甕槌命、香取の経津主命、枚岡《ひらおか》神社の天児屋《あめのこや》根命《ねのみこと》・比売神《ひめがみ》である。

全国に約3000社ある春日神社の総本社で、平安時代から今日に到るまで奉納された燈籠は3000基を数える。なお、境内にある金龍神社のご神体の鏡は、後醍醐天皇の奉安と伝わる。

春日大社《かすがたいしゃ》

- 春日四所明神（武甕槌命、経津主命、天児屋根命、比売神）
- 奈良県奈良市春日野町160
- 0742-22-7788
- JR・近鉄奈良駅よりバス約11～15分「春日大社本殿」下車すぐ

歴代天皇総覧③

第26代継体天皇～第42代文武天皇

第25代武烈天皇の崩御後、朝廷は皇統断絶の危機に陥るが、越前国からやってきた継体天皇が即位。続く飛鳥時代には女性天皇も現れた。

第26代
継体天皇《けいたい》

生 450～531
在 507～531

応神天皇《おうじん》の5世の孫とされる。武烈天皇《ぶれつ》に跡継ぎがいなかったため、その重臣・大伴金村《おおとものかなむら》らによって越前から迎えられ、河内《かわち》の樟葉宮《くすばのみや》（枚方市）で即位。仁賢天皇《にんけん》の娘・手白髪皇女《たしらかのおうじょ》を皇后とし、山背《やましろ》の筒城宮《つつきのみや》（京田辺市）、弟国宮《おとくにのみや》（向日市）、そして大和の磐余玉穂宮《いわれのたまほのみや》（桜井市）へと移った。在位時には磐井《いわい》の乱が起こり、朝鮮半島における日本の勢力が衰えるなど動乱が絶えなかったという。

第27代
安閑天皇《あんかん》

生 466～535 在 531～535

継体天皇の第一皇子。『日本書紀』には、幼少より器量に優れ、武威に長け寛容な性格だったとある。屯倉《みやけ》（朝廷の直轄地）を諸国に置いたという。

第28代
宣化天皇《せんか》

生 467～539 在 535～539

継体天皇の第3皇子。蘇我馬子《そがのうまこ》の父・稲目《いなめ》を大臣《おおおみ》に起用し、新羅《しらぎ》の圧迫に苦しむ任那《みまな》と百済《くだら》を支援した。なお、安閑・宣化両朝と欽明朝は並立していたとの説もある。

第29代
欽明天皇《きんめい》

生 509～571 在 539～571

継体天皇の皇子で、敏達、用明、崇峻、推古の4天皇の父。在位中に百済から仏教が伝来し、群臣に仏教受容の是非を問うた結果、蘇我・物部《もののべ》両氏が対立した。

第30代
敏達天皇《びたつ》

生 538～585 在 572～585

欽明天皇の第2皇子で、豊御食炊屋姫《とよみかしきやひめ》（のちの推古天皇）を皇后とした。外交では父の遺言を受けて任那再興を目指したが実らず、内政では仏教排斥を行った。

第31代
用明天皇《ようめい》

生 540～587 在 585～587

欽明天皇の第4皇子。敏達天皇と異なり、神道とともに仏教も篤く信仰した。法隆寺は、皇子の聖徳太子が父・欽明天皇の病気平癒を願って建てたものと伝わる。

第32代
崇峻天皇《すしゅん》

生 ?～592 在 587～592

欽明天皇の第12皇子で、兄の用明天皇の死後、蘇我馬子らに擁立されて即位。しかし、政治権力を握った馬子と対立し、刺客の東漢直駒《やまとのあやのあたいこま》によって暗殺された。

第33代
推古天皇《すいこ》

生 554～628
在 592～628

欽明天皇の第3皇女。用明天皇と同母の妹で、最初の女帝とされる。敏達天皇の皇后となり、崇峻天皇が蘇我馬子に暗殺されたのちに即位した。甥の聖徳太子を摂政《せっしょう》として政治を整え、仏教の興隆をはかったほか、『天皇記』『国記』など国史を編纂させた。当時、専横を極めた蘇我馬子が天皇領である葛城県《かつらぎのあがた》を蘇我氏に譲るよう迫ったところ、その要求を拒否したという。

『歴代天皇肖像画』提供：彌彦神社（▶p160）

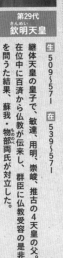

『少年日本歴史読本 第七編』（国立国会図書館蔵）より聖徳太子。

聖徳太子とは？

用明天皇の皇子。推古天皇の摂政として冠位十二階、十七条憲法などを制定して政治を整備し、小野妹子《おののいもこ》を隋《ずい》へ派遣して大陸文化の導入に努めた。とくに仏教の興隆に尽力し、法隆寺、四天王寺、中宮寺、橘寺、広隆寺、法起寺、葛木寺の7寺を建立したほか、仏典の注釈である『三経義疏《さんぎょうぎしょ》』を著したと伝わる。平安時代には太子自身が信仰の対象とされ、多くの太子像が作られた。

第34代
舒明《じょめい》天皇

生 593～641　在 629～641

敏達天皇の皇孫。推古天皇の崩御後、蘇我蝦夷《えみし》に擁立されて即位。宝皇女《たからのおうじょ》（のちの皇極・斉明天皇）を皇后とし、遣唐使を派遣した。

第35代
皇極《こうぎょく》天皇

生 594～661　在 642～645

舒明天皇の弟・茅渟王《ちぬのおおきみ》の娘で、天智・天武両天皇の母。中大兄皇子《なかのおおえのおうじ》（のちの天智天皇）と中臣鎌足《なかとみのかまたり》らによる乙巳《いっし》の変ののち、同母弟の軽皇子《かるのおうじ》（孝徳天皇）に譲位した。

第36代
孝徳《こうとく》天皇

生 596～654　在 645～654

敏達天皇の曽孫で皇極天皇の弟。皇極天皇の譲位後に即位したが、大和への遷都を求めた中大兄皇子と対立して置き去りにされてしまい、孤独のうちに崩御した。

第37代
斉明《さいめい》天皇

生 594～661　在 655～661

弟の孝徳天皇の崩御後、皇極天皇が重祚《ちょうそ》（再び天皇に即位すること）し斉明天皇となった。蝦夷征討軍を派遣したのち、百済救援のため赴いた九州で崩御した。

第38代
天智《てんじ》天皇

生 626～671
在 668～671

舒明天皇の第2皇子で、母は皇極（斉明）天皇。中臣（藤原）鎌足の協力を得て蘇我氏を滅ぼし、皇太子として大化の改新を行った。また、百済の要請に応じて救援軍を派遣したが、白村江《はくすきのえ》の戦いで唐・新羅の連合軍に敗れて撤退し、都を近江の大津宮《おおつのみや》に移して翌年即位した。日本初の令《りょう》である近江令を制定し、戸籍にあたる庚午年籍《こうごねんじゃく》を作るなど、のちの律令《りつりょう》体制の基礎を築いた。

第39代
弘文《こうぶん》天皇

生 648～672　在 671～672

天智天皇の第1皇子、大友皇子《おおとものおうじ》。父の死後、大海人皇子《おおあまのおうじ》と皇位を争い、敗れて自害した。『日本書紀』には即位の記録がなく、明治時代に歴代天皇に加えられた。

第40代
天武《てんむ》天皇

生 ?～686　在 673～686

舒明天皇の第3皇子で、天智天皇の弟。天智天皇の崩御後、兵をあげて大友皇子を自殺させ、翌年即位。八色《やくさ》の姓《かばね》の制定や国史の編纂などを行って律令制を整備した。

第41代
持統《じとう》天皇

生 645～703　在 690～697

天智天皇の第2皇女で、天武天皇の皇后。天武天皇の崩御後、皇太子の草壁皇子《くさかべのおうじ》が亡くなったため即位し、律令制の整備や藤原京の建設を進めた。

第42代
文武《もんむ》天皇

生 683～707　在 697～707

草壁皇子の子で、祖母は持統天皇、母は元明天皇。藤原不比等《ふじわらのふひと》の娘・宮子《みやこ》を皇后とし、首皇子《おびとのおうじ》（聖武天皇）をもうけた。在位中に『大宝律令《たいほうりつりょう》』が制定された。

※ 生 生没年　在 在位した年数（いずれも西暦）

Column-03

天皇家と上賀茂《かみがも》・下鴨《しもがも》神社

賀《か》茂社《もしゃ》（上賀茂神社・下鴨神社）の歴史は平安京より古い。社伝によれば白鳳《はくほう》6年（678）、山背国《やましろのくに》により賀茂神宮（賀茂別雷神社）が造営され、現在まで殆ど変わることのない御社殿の基が築かれたとされるが、祭祀はさらに古くから行われていた可能性がある。また、7世紀末には賀茂祭《かもさい》に人が集まりすぎることについて朝廷から注意がされているので、すでに広く知られた神社（祭）となっていたことがわかる。

この賀茂社は、平安遷都以前の京都を開拓した賀茂氏が奉斎していた神社である。いわば京都の地主神であり、朝廷もこの点を貴んで遷都に際しては、やはり遷都以前から京都にいた秦《はた》氏の氏神であった松尾大社とともに神階を昇進させている。しかし、賀茂社に対する天皇家の崇敬はそれだけでは説明できないものがある。大同《だいどう》2年（807）に葵祭《あおいまつり》を勅祭（天皇の勅使が拝礼する祭）とされたのに続き、弘仁《こうにん》元年（810）には斎《さい》王《おう》がおかれるようになった。斎王は賀茂社に仕える皇女のことで、伊勢神宮の斎《さい》宮《くう》にあたるものである。皇室からこれほどの厚遇を受けた神社はほかにはない。

上賀茂神社（賀茂別雷神社）の楼門。前を御物忌川《おものいがわ》の清流が流れ御手洗川《みたらしがわ》と合流する。そのたたずまいは王朝文学の世界そのものだ。

下鴨神社の参道を包むように広がる糺《ただす》の森。約3万6千坪あり、遷都以前の古代の植生を残す。国の史跡。

第四章

王朝時代と古代の終焉

仏教の伝播とともに神仏習合が進み、
日本独自の信仰が醸成されていった。
そして古代の終焉とともに、武士の時代が到来する。

第四章の時代背景

仏教の隆盛と神仏習合

第43代元明天皇～第81代安徳天皇

『志貴山縁起』（国立国会図書館蔵）の写本より、東大寺の大仏が描かれた部分。聖武天皇によって造立された東大寺の大仏は、平重衡の南都焼討により焼失。その姿は『信貴山縁起絵巻』に描かれた姿によって偲ぶしかない。

仏教に基づく天皇専制を目指した聖武《しょうむ》天皇

伝来直後は神道と仏教のはざまで揺れた天皇も、7世紀半ば頃には熱心な信仰を表明するようになっていた。その一つのピークが第45代聖武天皇の国《こく》分《ぶん》寺《じ》と東大寺《とうだいじ》大仏の建立であった。『華厳経《けごんきょう》』などの経典によると、盧舎《るしゃ》那仏《なぶつ》という仏は千の蓮弁をもつ蓮華に座っており、その蓮弁1枚1枚の中にある10億の世界に分身を現して説法をしているという。聖武天皇は自らを盧舎那仏に、国分寺を千枚の蓮弁、各地の寺院を分身になぞらえて、大仏の功徳と自己の権威が国中に及ぶことを示したのである。

桓武《かんむ》天皇の平安遷都と日本的仏教への試み

仏教重視政策は権威を高めた寺院が政治に介入するという副作用も生んだ。これを嫌った第50代桓武天皇は、大寺の平安京への移転を許さなかった。さらに奈良仏教に対抗しうる新しい教えになるとみて、最澄《さいちょう》の天台宗《てんだいしゅう》を後援した。一方、第52代嵯峨《さが》天皇は空海《くうかい》の真言宗《しんごんしゅう》を支持し、密教の普及を促進した。

天台・真言宗の隆盛は山岳信仰の仏教化、すなわち修験道の発展を促進するとともに、個々人の心の救済に重きをおいた仏教の成立を促した。浄土宗に始まる鎌倉新仏教の誕生である。

また、平安時代は神道にも変化があった。強い怨みをもって死んだ者の祟りを防ぐため神として祀る御霊《ごりょう》信仰である。菅原道真《すがわらのみちざね》の天神《てんじん》信仰もこれに含まれる。

『皇国紀元二千六百年史』（国立国会図書館蔵）より「桓武天皇宸影」。桓武天皇は政争に敗れ亡くなった弟の早良親王に「崇道天皇」の名を贈り、神として祀ることで御霊を鎮めようとした。

『白河院御影』（国立国会図書館蔵）。院政の始まりは第72代白河天皇の譲位からと言われ、白河天皇は34歳で譲位して以降、77歳で亡くなるまで3代の天皇の時代に、上皇として摂関政治に対抗した。

上皇たちが変えていった平安京の風景

平安後期になると上皇たちが積極的に信仰活動を行うようになった。その理由の一つとして末法《まっぽう》思想の広まりがある。仏教が形骸化して救われる者がいなくなるという説に来世への不安を抱いた貴族たちは、少しでも功徳《くどく》を積もうと寺院を建てたり、霊験ある社寺を詣でたりした。

不安を抱くのは天皇も同じであったが皇位にあると参詣も造寺もままならないので、退位を待って信仰に励んだ。

その代表が第72代白河《しらかわ》天皇であった。「治天《ちてん》の君《きみ》」として堀河《ほりかわ》・鳥羽《とば》・崇徳《すとく》の3代にわたって院政を行った白河上皇は、仏事にも熱心で法勝寺《ほうしょうじ》などを創建した。続く鳥羽《とば》・後白河《ごしらかわ》・後鳥羽《ごとば》天皇は熊《くま》野《の》を篤く信仰し、それぞれ20回以上参詣している。

『大日本史略図会』（国立国会図書館蔵）より「第七十六代崇徳天皇」。鳥羽院の死後、崇徳天皇は後白河法皇と争ったが、保元の乱に敗れて讃岐に配流となった。崇徳天皇は、讃岐の地で怨みのため天狗になったとの伝承もある。

『小倉擬百人一首』（国立国会図書館蔵）より安徳亭と典侍の局。平家が壇之浦の戦いに敗れた際、安徳天皇を抱いた祖母の二位の尼（平時子）が、「水の下にも都がありますよ」と告げて帝とともに入水したとの哀しい伝承がある。

皇城守護の二十二社と幻の嚴島《いつくしま》神社加列

平安中期頃より朝廷と神社の関係も変化していった。律令体制の揺らぎにより広範囲の神社を統括することが難しくなった朝廷は、近畿地方の霊威ある神社に特化して崇敬するようになったのである。これを二十二社という。

ただし、最初は伊勢《いせ》神宮・石清水《いわしみず》八幡宮・賀茂《かも》社・松尾《まつのお》大社・平野《ひらの》神社・伏見稲荷《ふしみいなり》大社・春日《かすが》大社・大原野《おおはらの》神社・大神《おおみわ》神社・石上《いそのかみ》神宮・大和《おおやまと》神社・住吉《すみよし》大社・広瀬《ひろせ》神社・龍田《たった》神社・丹生川上《にうかわかみ》神社・貴船《きふね》神社の十六で、これに廣田《ひろた》神社・吉田《よしだ》神社・梅宮《うめみや》大社・北野《きたの》天満宮・祇園《ぎおん》社（八坂《やさか》神社）が順次加わった。

安徳《あんとく》天皇を奉じて天下を握り福原《ふくはら》遷都を強行しようとした平清盛《たいらのきよもり》は嚴島《いつくしま》神社も二十二社に加えようとしたが幻に終わった。

東大寺《とうだいじ》

←運慶《うんけい》・快慶《かいけい》ら作の金剛力士像（国宝）が安置されている南大《なんだい》門《もん》（国宝）。建仁《けんにん》3年（1203）再建。高さ約25メートル。大仏様の数少ない現存遺構の一つでもある。

↑大仏殿の名で親しまれているが正しくは金堂《こんどう》。現在の建物は宝永《ほうえい》6年（1709）に再建されたもので、正面57メートル、奥行50メートル、高さ49メートルあり、世界最大級の木造建築物。

壮大な世界観を示す盧舎那仏《るしゃなぶつ》の大仏

『華厳経《けごんきょう》』によると宇宙の中心には光り輝く盧舎那仏がおられ、さまざまな世界に化身を現して教えを説いているという。この教えに基づいて聖武《しょうむ》天皇が建立を命じたのが各地の国分寺と総国分寺である東大寺（金光明四天王護国寺《こんこうみょうしてんのうごこくじ》）であった。大仏の大きさはこの壮大な世界観を表すためのものである。

天平勝宝《てんぴょうしょうほう》4年（752）の開眼供養には、すでに退位していた聖武上皇も列席している。

華厳宗大本山《けごんしゅうだいほんざん》 東大寺《とうだいじ》

盧舎那大仏
奈良県奈良市雑司町406-1
0742-22-5511
近鉄奈良駅よりバス約4分「東大寺大仏殿・春日大社前」下車、徒歩約5分、または近鉄奈良駅より徒歩約20分

国分寺（備中国分寺）《こくぶんじ（びっちゅうこくぶんじ）》

天平《てんぴょう》の佇まいを彷彿とさせる五重塔

国分寺は天平13年（741）の聖武天皇の詔《みことのり》に基づき、全国の国府（国の中心地）近くに国分尼寺とともに建立された。そこには仏教に基づいて天皇が日本を治めるという、聖武天皇の強い意志が込められていた。

しかし、備中国の国分寺は延元《えんげん》元年（1336）の福山合戦などによって伽藍を失い、廃寺同然になってしまった。これを見た惣持院《そうじいん》住職の増鉄《ぞうてつ》が、領主の援助を得て、享保《きょうほう》2年（1717）より再興に取り組んだ。

五重塔（重要文化財）。天保《てんぽう》15年（1844）頃再建。高さ34メートル。周囲には建物が少なく遠くからもよく見えるので吉備路《きびじ》のシンボルとなっている。

日照山《にっしょうざん》 国分寺《こくぶんじ》

- 薬師三尊像
- 岡山県総社市上林1046
- 0866-94-3155（国分寺観光案内所）
- JR総社駅よりタクシー約15分

周防国分寺《すおうこくぶんじ》

天平時代の国分寺の規模を今も残す

国分寺は聖武天皇の詔に基づき、国々の除災招福のために国ごとに建てられた。周防国分寺もその一つで、2町四方の寺域に南大門・金堂・講堂などが建ち並んでいた。

注目すべきは当寺が今もこの寺域を維持しており、金堂や門はかつての伽藍跡に建てられていることである。本尊は奈良時代末頃に丈六の釈迦像から薬師如来に変わった。現在の本尊は室町時代の火災直後に造られたもので、胎内に前本尊の手を蔵していた。

浄瑠璃山《じょうるりさん》 周防国分寺《すおうこくぶんじ》

- 薬師如来坐像
- 山口県防府市国分寺町2-67
- 0835-22-0996
- JR防府駅よりバス約5分「国分寺」下車、徒歩約5分

仁王門。文禄《ぶんろく》5年（1596）再建。創建時の南大門跡に建つ。正面10メートル、高さ12メートル。

水間寺《みずまでら》

聖武天皇の厄を祓った一寸八分の聖観音

水間寺は古くから厄除けのご利益で知られるが、それは創建伝承に由来している。

寺伝によると、聖武天皇は大厄の42歳の時に大病をなされた。この時、都より南西の方角に観音が出現されるという夢告《むこく》があり、天皇は行基《ぎょうき》を派遣して確かめさせることにした。行基は当地で龍の化身から一寸八分の聖観音像を受け取り、天皇の病はすっかり癒えたという。

また、縁結びで知られた「お夏・清十郎」ゆかりの寺としても有名。

厄除け橋ごしに境内を望む。中央に見える三重塔は、水間寺から銭を借りた商人が13年目に元利金で建てたものという。

龍谷山《りゅうこくざん》 水間寺《みずまでら》

- 聖観世音菩薩
- 大阪府貝塚市水間638
- 072-446-1355
- 水間鉄道水間観音駅より徒歩約10分

竹林寺《ちくりんじ》

行基が見つけた中国五台山そっくりの霊場

竹林寺という涼やかな寺号は中国の五台山《ごだいさん》にあった寺院に由来している。慈覚大師円仁《じかくだいしえんにん》も修行をした由緒ある古刹である。当寺の起源は聖武天皇が五台山で文殊菩薩に会う夢を見たことにあるという。天皇は行基に似た風景の場所を探させ、当地がまさにそうであったので寺院を建立したとされる。のちに空海が密教道場とし、多くの修行者が集まるようになった。ここから南海第一道場とも呼ばれた。池泉鑑賞式の庭園（名勝）でも有名。

本堂（重要文化財）。藩主・山内忠義《やまうちただよし》が寛永《かんえい》21年（1644）に建立。本尊（重要文化財）は最古の渡海文殊（獅子に乗る文殊と従者）。

五台山《ごだいさん》 金色院《こんじきいん》 竹林寺《ちくりんじ》

- 文殊菩薩騎獅像
- 高知県高知市五台山3577
- 088-882-3085
- JR高知駅よりバス約26分「竹林寺前」下車、徒歩約1分

金華山黄金山神社《きんかさんこがねやまじんじゃ》

←拝殿と常夜燈。常夜燈は高さ4.8メートルあり、日本三大燈籠の一つに数えられる。なお、金華山黄金山神社は3年続けて参ると一生お金に困らないといわれている。

↑金華山は雄鹿《おしか》半島沖に浮かぶ島。島全体が黄金山神社の境内となっている。写真中央の建物は楼門形式の随神門。大正14年（1925）に総欅《けやき》造で建てられた。

黄金の産出が起源 東北三大霊場の一つ

聖武天皇が発願《ほつがん》した東大寺大仏（盧舎《るしゃ》那仏《なぶつ》）の建造は、大仏本体の鋳造は順調に進んだものの、大仏を覆う黄金が不足し、完成が危ぶまれる事態になった。

そんな折の天平《てんぴょう》21年（749）、陸奥《むつの》国《くに》から黄金が産出された。喜んだ聖武天皇は元号を天平勝宝《てんぴょうしょうほう》に改元。陸奥でもこの慶事を祝して、東奥の三大霊場の一つである金華山に金鉱の神（金山毘古神《かなやまびこのかみ》・金山毘女神《かなやまびめのかみ》）の神社を建立する計画が立てられた。

⛩ 金華山黄金山神社《きんかさんこがねやまじんじゃ》

- 金山毘古神、金山毘賣神
- 宮城県石巻市鮎川浜金華山5
- 0225-45-2301
- 鮎川港・女川港より定期船約20～30分「金華山桟橋」下船、神社所有車約3分

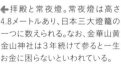

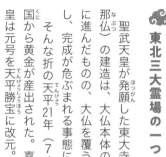

西大寺《さいだいじ》

称徳《しょうとく》女帝の勅願により平城京の宮西に開創

天平宝字8年（764）9月11日、藤原仲麻呂（恵美押勝）の反乱の発覚に際し、孝《こう》謙《けん》上皇は反乱鎮圧を祈願。鎮護国家の守護神である四天王像を造立することを誓願した。翌年、孝謙上皇は重祚して称徳天皇となり、誓いを果たして金銅製の四天王像を鋳造。これが西大寺の起こりだと言われている。

西大寺は平安中期以降に一時荒廃するが、鎌倉時代半ばに興《こう》正《じょう》菩薩叡《えい》尊《そん》上人の手によって再興した。

本堂（重要文化財）。江戸中期の建立。真言律宗の僧たちが信仰のよりどころとした清涼寺《せいりょうじ》式釈迦如来立像（重要文化財）を安置する。

勝宝山《しょうほうざん》 西大寺《さいだいじ》

- 釈迦如来立像
- 奈良県奈良市西大寺芝町1-1-5
- 0742-45-4700
- 近鉄大和西大寺駅より徒歩約3分

妙教寺《みょうきょうじ》（最上稲荷《さいじょういなり》）

1200年の歴史をもつ日本三大稲荷の一つ

岡山県周辺には報恩《ほうおん》大師の伝説が広まっている。孝謙天皇の勅許を得て備前国《びぜんのくに》に48ヵ寺を建立したという聖人で、当寺も大師によって創建されたという。本尊は孝謙天皇の病気平癒祈願の際に出現した最上位経王《さいじょういきょうおう》大菩薩（最上尊）の姿を大師が写したものとされる。戦国時代には戦火で伽藍を焼失したが、日円《にちえん》聖人によって復興され寺号も妙教寺に改めた。伏見稲荷・豊川稲荷と並ぶ日本三大稲荷の一つとして信仰を集めている。

本殿（霊光殿《れいこうでん》）。開山1200年を記念して昭和54年（1979）に建立。総重量1.5トンの注連縄がかかる。

最上稲荷山《さいじょういなりさん》 妙教寺《みょうきょうじ》

- 久遠実成本師釈迦牟尼仏・最上位経王大菩薩
- 岡山県岡山市北区高松稲荷712
- 086-287-3700
- JR備中高松駅よりタクシー約5分、またはJR岡山駅よりタクシー約20分

東寺《とうじ》（教王護国寺）

九条通からの境内遠望。高さ55メートルで日本最高の五重塔（国宝）の右側に見えるのは三十三間堂より移築された南大門（重要文化財）。左は鎮守八幡宮。なお、東寺における大師信仰の基盤を作ったのは後白河法皇の皇女・宣陽門院で、後宇多天皇と後醍醐天皇も東寺興隆に尽力した。

空海《くうかい》によって真言密教の根本道場となった官寺

桓武天皇は寺院の政治力を抑えるため平安京内に東寺・西寺以外の寺院の造営は認めなかったが、その東寺の建設は遅々として進まなかった。そこで白羽の矢が立ったのが空海であった。東大寺や乙訓《おとくに》寺《でら》でみせた経営手腕が認められたのだろう。空海は高野山に拠点をおくと前から決めていたが、嵯峨《さが》天皇からの申し出を受けることにした。密教を広めるためには都にも拠点が必要だと考えたのだ。

東寺《とうじ》（教王護国寺《きょうおうごこくじ》）

- 薬師如来像
- 京都府京都市南区九条町1
- 075-691-3325
- 近鉄東寺駅より徒歩約10分、またはJR京都駅より徒歩約15分

鳥居の後ろに建っているのは楼門（西門）。ちなみに当社の本殿は、拝領した後陽成天皇ご使用の牛車、宮中賢所《かしこどころ》権殿からつくられたものといわれている。また、当社には皇室から数多くの剣鉾《けんぼこ》の寄進がある。

御霊神社《ごりょうじんじゃ》

御神霊を和め お鎮めする神社

桓武《かんむ》天皇の実弟、早良《さわら》親王を祀る社。鎌倉期に京都御所が現在の場所に定着してから、御所および皇室の産土《うぶすな》神《がみ》、いわゆる禁裏《きんり》産土神になったといわれている。

京都御所の紫宸殿《ししんでん》がある場所が、御霊神社の氏子区域にあたるため、特に皇室のご崇敬が厚くなった。

当社の御神輿は後水尾《ごみずのお》天皇、後陽成《ごようぜい》天皇より拝領した御鳳輦《ごほうれん》によってつくられており、現在も御霊祭にて巡幸されている。

御靈神社《ごりょうじんじゃ》（上御霊神社《かみごりょうじんじゃ》）

- 崇道天皇（早良親王）、他戸親王、井上大皇后ほか
- 京都府京都市上京区上御霊前通烏丸東入上御霊竪町495
- 075-441-2260
- 市営地下鉄鞍馬口駅より徒歩約3分

清水寺《せいすいじ》

桓武天皇の勅命で建てられた佐渡の古刹

寺伝によると、佐渡の人々が京の清水寺参詣に難儀をしているのを哀れんだ桓武天皇が、僧の賢応《けんおう》に命じて大同《だいどう》3年（808）に創建させたという。賢応はこの地で光明を放つ童子に会い、ここが「大《だい》悲応現《ひおうげん》の地」であると教わったとされる。

観音堂（大悲殿）は京の清水寺に倣って懸造《かけづくり》となっているが、まったくの模倣ではなく、大きな入母屋《いりもや》屋根の三角形をした妻側を正面に見せるなど、個性的な建築となっている。

観音堂（救世殿《ぐぜでん》）。京の清水寺《きよみずでら》の本堂を模して建てられたもので享保《きょうほう》15年（1730）建立の棟札が残る。正面の装飾が印象的だ。

東光山《とうこうざん》 清水寺《せいすいじ》

- 千手観世音菩薩
- 新潟県佐渡市新穂大野124-1
- 0259-22-2167
- 両津港よりタクシー約25分

隠津島神社《おきつしまじんじゃ》

山中に祀られた海の三女神

隠津島神社の創建は神護景《じんごけい》雲《うん》3年（769）という。この年、九州の宗像《むなかた》大社から海の女神である隠津島姫命《おきつしまひめのみこと》・田《た》心姫命《ごりひめのみこと》・湍津姫命《たぎつひめのみこと》の3柱が勧《かん》請《じょう》されたのである。木幡山《こはたやま》に鎮座する隠津島神社に海の女神が祀られたのは不思議だが、宗像三女神が弁才天と同一視されたのと関係しているのかもしれない。当社も大同《だいどう》元年（806）に平城《へいぜい》天皇の勅願により弁天堂が建てられた。

拝殿に続く石段。近世まで隠津島神社は弁財天を祀ることで知られていた。近年は縁結びの祈願で訪れる人も多い。

隠津島神社《おきつしまじんじゃ》

- 隠津島姫命、田心姫命、湍津姫命
- 福島県二本松市木幡字治家49
- 0243-46-2869
- JR二本松駅よりタクシー約35分

金剛院《こんごういん》

謎の親王が創建した丹後の紅葉寺

金剛院を創建したのは平城天皇の第3皇子、高岳《たかおか》親王であった。高岳親王は皇太子になりながら薬子《くすこ》の変でその地位を追われて空海の高弟となり、還暦を過ぎてからインドに向かい消息を絶った異色の人物である。その親王が寺地として選んだのだから、当地はただの霊山ではない特別な何かがあったのだろう。

紅葉が尋常ではなく美しいのも、そのためだろうか。快《かい》慶《けい》作の重要文化財、深沙大《じんじゃたい》将《しょう》・執金剛神《しゅこんごうしん》像を所蔵することでも知られる。

室町時代再建の三重塔（重要文化財）から本堂までの参道周辺の楓は田辺城主・細川幽斎《ほそかわゆうさい》が植えさせたもので、5000株に及ぶ。

鹿原山《かわらさん》 慈恩寺《じおんじ》 金剛院《こんごういん》

- 不動明王
- 京都府舞鶴市鹿原595
- 0773-62-1180
- JR東舞鶴駅よりバス約12分「鹿原」下車、徒歩約10分、または松尾寺駅より徒歩約20分

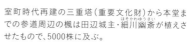

大覚寺《だいかくじ》

大沢池と心経宝塔《しんぎょうほうとう》。大沢池は嵯峨天皇の離宮のために造られた日本最古の人工池。中国の洞庭湖《どうていこ》を模したため庭湖とも呼ばれる。周囲約1キロ。

嵯峨《さが》天皇の御心を今に伝える

大覚寺は、平安時代のはじめに建立された嵯峨天皇の離宮嵯峨院を寺院としたもの。そのため嵯峨御所とも呼ばれる。

また弘法《こうぼう》大師のすすめにより嵯峨天皇が浄書した勅封般若心経が奉安され、般若心経写経の根本道場として知られる。

いけばな発祥の花の寺でもあり、「いけばな嵯峨御流」の総司所（家元）でもある。後宇多天皇の宸翰《しんかん》（直筆の書）を多く所蔵することでも知られる。

嵯峨山《さがざん》 大覚寺《だいかくじ》

- 五大明王
- 京都府京都市右京区嵯峨大沢町4
- 075-871-0071
- JR嵯峨嵐山駅より徒歩約20分、または嵐電嵯峨駅より徒歩約25分

英彦山神宮《ひこさんじんぐう》

「日の子」を祀る日本三大修験道山の一つ

『彦山流記』によれば、英《ひ》彦山《こさん》が開山されたのは継体《けいたい》天皇25年（531）のことで、北魏から訪れた僧・善正《ぜんしょう》が山中で修行をしたことに始まるという。当時は天照大神の御子神（正勝吾勝勝速日天之忍《まさかつあかつかちはやひあめのおし》穂耳命《ほみみのみこと》）を祀ることから山の名を日子山《ひこさん》と表記していた。これを嵯峨天皇は、弘仁《こうにん》10年（819）に「彦山《ひこさん》」に改めるよう詔を下した。さらに享《きょう》保《ほう》14年（1729）には霊元《れいげん》法皇が「英彦山《ひこさん》」と称し今日に至っている。

中腹の奉幣殿（重要文化財）へと続く石段。紅葉の名所としても知られ、道の両側には雪舟庭園や英彦山歴史民俗資料館などがある。

英彦山神宮《ひこさんじんぐう》

- 正勝吾勝勝速日天之忍穂耳命、伊耶那岐命、伊耶那美命
- 福岡県田川郡添田町英彦山1
- 0947-85-0001
- JR添田駅よりバス約15分「銅の鳥居」下車、スロープカー約20分

雨引観音《あまびきかんのん》（雨引山楽法寺《あまびきさんらくほうじ》）

安産・子育・厄除・延命の雨引観音

当寺の山号は雨引山という。弘仁《こうにん》12年（821）に嵯峨天皇の御命《ぎょめい》により当山で降雨祈願を行い、雨が降り続いたことから勅命によりその名がついたという。また、光明《こうみょう》皇后が安産祈願をして無事安産を得てからは安産・子育のご利益でも知られるようになった。江戸の商人・紀伊国屋文左衛《きのくにやぶんざえ》門《もん》は当山で商売繁盛の祈願を行い大成功したという。

現在の本堂は庶民の寄進により天和《てんな》2年（1682）に建てられた。

仁王門。宗尊《むねたか》親王（第6代鎌倉幕府将軍）は康慶《こうけい》作の本尊前立《まえだち》像を寄進。続いてこの仁王門と仁王像も寄進した。

雨引山《あまびきさん》 楽法寺《らくほうじ》

- 延命観音菩薩
- 茨城県桜川市本木1
- 0296-58-5009
- JR岩瀬駅よりタクシー約10分

伏見稲荷大社《ふしみいなりたいしゃ》

稲荷山《いなりやま》の麓《ふもと》に鎮座する稲荷神社の総本宮

和銅《わどう》4年（711）に渡来系氏族の秦《はた》氏の伊侶巨《いろこ》が稲荷山に神を祀ったことが当社の起源とされる。

天長《てんちょう》4年（827）には、東寺の塔を造営するため稲荷山の木を切った祟りで淳和《じゅんな》天皇の体調が崩れるということがあり、朝廷から神階が授けられ崇敬されるようになった。近世には庶民の間にも爆発的に信仰が広まった。二十二社の一社。

稲荷山の入口にある千本鳥居。ここを抜けると、お塚と呼ばれる小祠が密集するお山の巡拝路に入る。樹木や岩にまで霊気が満ちているようだ。

伏見稲荷大社《ふしみいなりたいしゃ》

- 宇迦之御魂大神、佐田彦大神、大宮能売大神ほか
- 京都府京都市伏見区深草藪之内町68
- 075-641-7331
- JR稲荷駅下車すぐ、京阪伏見稲荷駅より徒歩約5分

西明寺《さいみょうじ》

薬師如来が出現した奇跡の池から始まる

湖東三山の一つ、西明寺は、承和《じょうわ》元年（834）に三《さん》修《しゅう》上人が光を発する池から薬師如来が出現するという奇瑞にあったため、上人に帰依していた仁明《にんみょう》天皇の勅願により創建されたと伝わる。

かつては山内には17の堂と300の僧坊があったという。その後、織田信長《おだのぶなが》の焼き討ちに遭い多くを失ったが、幸いに本堂、三重塔、二天門などが火難を免れ現存している。とくに国宝の本堂と三重塔は忘れがたい。いつまでも見飽きない名建築だ。

三重塔（国宝）。鎌倉時代後期のもので飛騨《ひだ》の匠が釘を1本も使わずに建てたと伝わる。高さは23.7メートルある。

龍應山《りゅうおうざん》 西明寺《さいみょうじ》

- 薬師如来立像
- 滋賀県犬上郡甲良町大字池寺26
- 0749-38-4008
- 近江鉄道尼子駅よりタクシー約12分、またはJR河瀬駅よりタクシー約15分

帯解寺《おびとけでら》

安政《あんせい》5年(1858)に再建された本堂。本尊は帯解子安地蔵尊として信仰される地蔵菩薩半《はん》跏《か》像(重要文化財)。鎌倉時代の作だが、腹部の裳の結び目が腹帯に見えることから腹帯地蔵と呼ばれるようになった。

子安山《こやすさん》 帯解寺《おびとけでら》

- 地蔵菩薩半跏像
- 奈良県奈良市今市町734
- 0742-61-3861
- JR帯解駅より徒歩約5分

皇室も将軍家も頼った安産祈願の腹帯

帯解寺はけっして大きいお寺ではないのだが、霊験寺院独特の荘重な雰囲気がある。それは本堂に掛けられた千羽鶴やよだれかけなどにもよるのだろうが、帯解地蔵を信仰してきた無数の人たちの思いの重さなのかもしれない。

この信仰の始まりは文徳《もんとく》天皇が子授け祈願をされたことに始まるという。その結果、皇后の染殿后《そめどののきさき》(藤原明子《ふじわらのめいし》)が無事に皇子(のちの清和《せいわ》天皇)を出産されたことから、天皇は帯解寺の寺号を授けたとされる。

以後、その霊験は広く知られることになり、徳川家光《いえみつ》も当寺に祈願をして嫡子(のちの家綱《いえつな》)を得たと伝えられる。

庶民にも信仰は広まり、諸国地蔵番付や当時の観光地を描いた名所図会にも当寺のことが記されており、全国から参詣者が訪れたことが知られる。

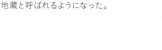

立石寺《りっしゃくじ》（山寺《やまでら》）

不滅の法燈を守った東北有数の名刹

伝えられるところによると、立石寺は貞観《じょうがん》2年（860）に清和《せいわ》天皇の勅願により円仁《えんにん》が開創したとされる。円仁は立石寺で没したともいい、立石寺の境内には円仁の遺体を安置したという入定窟もある。

鎌倉時代以降は戦禍を受けて衰微したが正平《しょうへい》11年（1356）に初代山形城主斯波兼頼《しばかねより》が山形の鬼門押さえとして当寺を信仰し、根本中堂《こんぽんちゅうどう》などを再建した。しかし、その後も戦火をしばしば受け、寺領の略奪なども受けた。

江戸時代に入ると山形藩主の最上《もがみ》氏の崇敬を受け、諸堂の修築などがなされた。元禄《げんろく》2年（1689）に芭蕉《ばしょう》が「奥の細道」の旅で当寺を訪れたことはよく知られており、境内には芭蕉にちなむ蝉塚《せみづか》もある。

古来、当寺は死者の霊が集まる場所として宗派を超えて信仰されてきた。遺骨

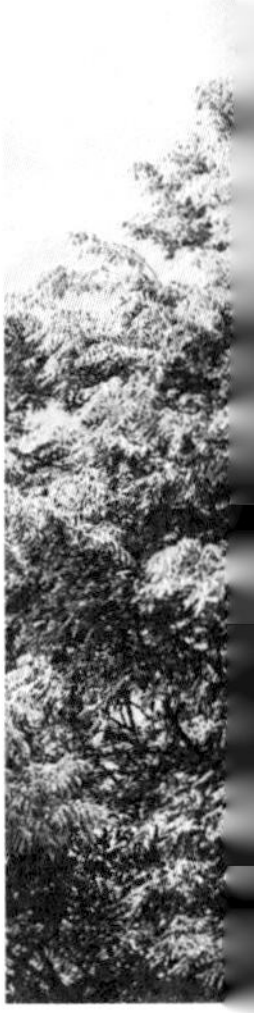

1 開山堂（右）と納経堂。開山堂には円仁《えんにん》の像が安置され朝夕食事が供えられる。納経堂は慶長《けいちょう》4年（1599）の建立。

2 根本中堂（重要文化財）。立石寺の総本堂。山形城初代城主の斯波兼頼が正平11年（1356）に再建。

3 岩壁の供養碑と仁王門。岩壁に刻まれているのは故人の冥福を祈る供養碑。江戸初期のものもある。

4 五大堂。展望台のように見えるが立石寺を守護する五大明王像を安置する。現在の建物は正徳《しょうとく》4年（1714）建立。

の一部（歯骨など）を奥の院に納めて供養してもらう習俗もある。岩壁に刻まれた供養碑はいずれも故人の霊の供養のために作られたものだ。

　山麓の根本中堂には比叡山から分燈した不滅の法燈がある。最澄《さいちょう》が初めて比叡山に登った時にともした火とされるものである。

　比叡山の親火の方は織田信長《おだのぶなが》の叡山攻めで一度消えてしまったが、当寺から再分燈することで比叡山の法燈は復活することができた。

宝珠山《ほうじゅさん》 阿所川院《あそかわいん》 立石寺《りっしゃくじ》

- 薬師三尊像
- 山形県山形市山寺4456-1
- 023-695-2843
- JR山寺駅より徒歩約6分

仁和寺《にんなじ》

御室《おむろ》御所と呼ばれた洛西の花の古刹

退位後出家された天皇は少なくないが、密教の奥義を受け継いで一流一派の祖となられたのは宇多《うだ》天皇（寛平《かんぴょう》法皇、867〜931）だけだろう。

法皇は父・光孝《こうこう》天皇の遺志を継いで仁《にん》和《な》寺《じ》を創建、その後、自らも出家され、仁和寺に室《むろ》（僧房）を建てられて修行に励まれた。このため世の人々は仁和寺を貴んで御室御所と呼んだ。

仁和寺は応仁《おうにん》の乱で大きな被害を受け、当時の伽藍は残されていない。しかし、御所と呼ばれるにふさわしい雅な雰囲気は残されている。

金堂《こんどう》（国宝）がもと紫宸殿《ししんでん》（内裏の正殿で儀式などを行った）を移築し、御影《みえ》堂《どう》（重要文化財）がもと清涼殿《せいりょうでん》（天皇の日常の居所）の古材を使用したことによるところが大きいが、二王門（重要文化財）から金堂までまっすぐに続く参道の例を見ない広さにもあるような気がす

↑金堂(国宝)。寛永《かんえい》年間(1624〜44)に内裏から紫宸殿を移築して仏殿としたもの。

➔五重塔(重要文化財)と御室桜《おむろざくら》。御室桜は遅咲きの桜で中門の内の西側に林をなしている。近世の書物にも仁和寺の名物としている。

↑『都名所之内　御室仁和寺花盛』(国立国会図書館蔵)。御室桜の花見に訪れた人々を描いた錦絵。仁和寺は格式の高い寺だが、庶民にも開かれていた。

る。仁和寺ではこの参道を「浄心の参道」と称している。

一方で仁和寺はその格式の高さにもかかわらず開かれた寺であった。人々は春になると御室桜が咲くのを待ち望み、花盛りとなると「酒食をたずさえ幕を張りて遊宴なすもの多し」であったと、江戸中期の本草学者・貝原益軒《かいばらえきけん》は『京城勝《けいじょうしょう》覧《らん》』に書き残している。

密教の寺宝を数多く所蔵しており、空海が入唐中に経文を書写したものと伝わる『三十帖冊子』は国宝に指定されている。また、水掛《みずかけ》不動尊や御室八十八所霊場など庶民の信仰を集めた霊跡もある。

大内山《おおうちさん》 仁和寺《にんなじ》

- 阿弥陀三尊像
- 京都府京都市右京区御室大内33
- 075-461-1155
- 嵐電御室仁和寺駅より徒歩約3分、またはJR花園駅より徒歩約15分

清荒神清澄寺《きよしこうじんせいちょうじ》

↑本堂。三宝荒神を祀る天堂が有名だが本堂は大日如来像を安置するこの堂。毎日不動明王の秘法が修される。手前に立つ銅像は一願地蔵で、一つの願に絞って祈れば霊験があるという。

←本堂前から左に曲がったところにある天堂への参道。鳥居の奥に見えるのが天堂の拝殿。天堂の周りには龍王堂や眼神祠などの御利益どころがある。

長い参道も楽しい 厄除けと福徳の荒神様

清荒神の名で知られているが、これは清澄寺の本尊ではなく鎮守の三宝荒神《さんぼうこうじん》のことである。清澄寺の荒神信仰は古く、9世紀末にさかのぼる。宇多天皇は荒神出現の奇瑞を知り、「日本第一清荒神」の称号を授けたと伝えられる。

荒神は竈《かまど》の神であるが当寺の荒神は厄除けのご利益もあるとされ、参拝者は火箸を授かって祈願する。約1キロ続く賑やかな参道も楽しい。

蓬莱山《ほうらいさん》 清荒神清澄寺《きよしこうじんせいちょうじ》

- 大日如来坐像
- 兵庫県宝塚市米谷字清シ1
- 0797-86-6641
- 阪急清荒神駅より徒歩約15分、またはJR・阪急宝塚駅よりタクシー約10分

朝護孫子寺《ちょうごそんしじ》

信ずべき貴ぶべき山に鎮まる毘沙門天《びしゃもんてん》のお寺

信貴山《しぎさん》という名は、仏教の受容をめぐって蘇我《そが》氏と物部《もののべ》氏が戦った時のことに由来するという。参戦していた聖徳太子《しょうとくたいし》は当山で毘沙門天の示現《じげん》を受け、そこから「信ずべき貴ぶべき山」と呼んだと伝わる。

朝護孫子寺という寺号は醍醐《だいご》天皇のお言葉に基づく。天皇は当寺を復興した僧・命蓮《みょうれん》に帰依《きえ》し、病気平癒の祈禱を命じた。その時の願文に「朝《ちょう》廟《びょう》安息　国土守護　子孫長久」と書かれたという。中世には武士の、近世には庶民の信仰を集めた。虎（寅）の縁起物でも有名。

多宝塔。元禄《げんろく》2年（1689）の建立。塔内に安置される大日如来坐像は平安期の名僧・恵心僧都《えしんそうず》の作ともいわれる。

信貴山《しぎさん》 朝護孫子寺《ちょうごそんしじ》

- 毘沙門天
- 奈良県生駒郡平群町信貴山
- 0745-72-2277
- JR・近鉄王寺よりバス約22分「信貴大橋」下車、徒歩約5分札

山腹の崖上にせり出すように建つ本堂。聖徳太子が物部氏との戦いに勝利を祈願した際、毘沙門天が現れた霊地だと伝わる。

醍醐寺《だいごじ》

醍醐《だいご》天皇の勅願で建てられた 山上の薬師堂と五大堂

醍醐寺は上醍醐《かみだいご》と下醍醐《しもだいご》という二つの境内からなる。笠取山《かさとりやま》（醍醐山《だいごさん》）の麓にある下醍醐は堂塔が並ぶ平地の寺院境内であるが、山上の上醍醐は山岳寺院で建物の配置がまったく異なる。しかも下醍醐から上醍醐へは山道を1時間以上歩かねばならない。それでいながら醍醐寺は一つの寺院として機能してきた。

貞観《じょうがん》16年（８７４）、空海の孫弟子にあたる聖宝《しょうぼう》が上醍醐で准胝《じゅんてい》、如意輪の両観音を造り始めたのが醍醐寺の濫觴《らんしょう》である。その後、延喜《えんぎ》７年（９０７）、醍醐天皇の御願《ごがん》によって薬師堂や五大堂の建立が始まり、上醍醐の伽藍が整備されていった。

上醍醐に続き、下醍醐も、延長《えんちょう》４年（９２６）に釈迦堂が完成するなど諸堂が整えられていった。醍醐天皇の崩御（９３０）後も、続く朱雀、村上天皇の帰依を受けて伽藍の整備は続き、天暦《てんりゃく》５

↑上醍醐の薬師堂（国宝）。堂は平安後期の再建だが、本尊の薬師三尊像（国宝）は創建時のものである。※薬師三尊像は現在、霊宝館に安置されています

→醍醐寺三宝院大玄関前のしだれ桜。奥村土牛《おくむらとぎゅう》の「醍醐」の題材となったことでも知られる。なお、三宝院は醍醐寺の歴代座主《ざす》が住したところ。

年（951）に五重塔が落慶《らっけい》し、下醍醐の威容は整った。現在、国宝に指定されている五重塔は、応仁の乱などの戦火を逃れた京都府下最古の木造建造物であり、平安の御代を今に伝えている。

草創期以後も、当寺は歴代の天皇や将軍の帰依を受け、真言宗の中心的寺院として宗教面だけでなく文化的にも多くの足跡を残している。中でも豊臣秀吉が慶《けい》長《ちょう》3年（1598）3月15日に催した花見は「醍醐の花見」の名で広まり、以後、多くの人が花見を楽しむようになったとも言われている。

西国三十三所霊場第11番札所。

深雪山《みゆきさん》 醍醐寺《だいごじ》

- 薬師如来
- 京都府京都市伏見区醍醐東大路町22
- 075-571-0002
- 市営地下鉄醍醐駅より徒歩約10分

法金剛院《ほうこんごういん》

礼堂の前に咲く待賢門院桜（しだれ桜）。法金剛院の庭園は池泉回遊式浄土庭園で極楽浄土の様子を表している。池の端には日本最初の人工滝の青女《せいじょ》の滝もある。特別名勝。

待賢門院璋子《たいけんもんいんしょうし》が最後に住した極楽浄土の庭

当寺の歴史は平安初期に創建された双丘寺《ならびがおかでら》に始まるが、法金剛院と名づけたのは崇徳《すとく》・後白河《ごしらかわ》天皇の母、待賢門院璋子であった。

待賢門院は境内に蓮池を造り、その周囲に西御堂《にしみどう》（阿弥陀堂）・南御堂《みなみみどう》（九体《くたい》阿弥陀堂）・三重塔などを建て、少し離れた場所にある寝殿から拝したという。西行《さいぎょう》も美人で才媛であった待賢門院に会うために、当寺に足しげく通ったと伝えられている。

五位山《ごいさん》 法金剛院《ほうこんごういん》

- 阿弥陀如来坐像
- 京都府京都市右京区花園扇野町49
- 075-461-9428
- JR花園駅より徒歩約5分

かさもりじ（かさもりかんのん）

笠森寺（笠森観音）

後《ご》一条《いちじょう》天皇と上総《かずさ》の乙女の秘話が伝わる四方懸造《しほうかけづくり》の堂

笠森寺は延暦《えんりゃく》3年（784）に最澄が楠の霊木から十一面観音像を彫ってこの地に安置したことに始まると伝えられる。また、この驚くべき本堂は長元《ちょうげん》元年（1028）に後一条天皇の勅願で建てられたとされる。伝説によると、この地には冷泉《れいぜい》天皇の皇子の娘が住んでいたが、当寺の観音像の霊験により後一条天皇の后に選ばれたのだという。

大悲山《だいひざん》 楠光院《なんこういん》
笠森寺《かさもりじ》

- 十一面観音菩薩
- 千葉県長生郡長南町笠森302
- 0475-46-0536
- JR茂原駅よりバス約33分「笠森」下車、徒歩約5分、または小湊鉄道上総牛久駅よりバス約15分「笠森」下車、徒歩約5分

観音堂（重要文化財）。笠森寺の本堂。一般的な懸造は堂の前面のみが崖上に張り出すが、この堂は四方とも束柱《つかばしら》上にある四方懸造。

城南宮《じょうなんぐう》

←社殿。城南宮は延暦《えんりゃく》13年（794）の平安京遷都に際し、都の安泰を願って国常立尊《くにとこたちのみこと》を八千矛神《やちほこのかみ》と息長帯日売尊《おきながたらしひめのみこと》（神功《じんぐう》皇后）に合わせ祀り、城南大神と崇めたことに始まるという。

↑城南宮境内。平安京は四方の霊獣が守護する四神相応《しじんそうおう》の地といわれる。城南宮は南に位置し、北の上賀茂《かみがも》神社、西の松尾《まつのお》大社、東の八坂《やさか》神社、中央の平安《へいあん》神宮と合わせて京都五社を巡る人も多い。

平安京の南に鎮まる上皇たちの離宮が営まれた地

平安京の南、鴨川《かもがわ》と桂川《かつらがわ》が合流する地域は鳥羽《とば》または城南《じょうなん》と呼ばれ、鳥羽の作《つくり》道《みち》が通る鳥羽の津が置かれ、平安京に通じる交通の要衝であったが、風光明媚な場所としても知られ、皇族・貴族の別邸が建てられた。白河《しらかわ》上皇はこの地に広大な鳥羽離宮を造り、風雅な暮らしをしつつ院政を行った。

残念なことに九百年前当時の建物は残っておらず、城南宮の社殿や「源氏物語花の庭」などから偲ぶしかない。

⛩ 城南宮《じょうなんぐう》

- 国常立尊、八千矛神、息長帯日売命
- 京都府京都市伏見区中島鳥羽離宮町7
- 075-623-0846
- 近鉄・市営地下鉄竹田駅より徒歩約15分、またはバス約5分「城南宮東口」下車、徒歩約3分

白峯寺《しろみねじ》

←境内にある西行法師石像。『保元物語』によると、仁安3年(1168)、崇徳帝の御陵である白峯御陵を詣でた僧侶・西行は、陵前に座ってお経を繰り返し読み、歌を奉ったと言われている。

↑白峯寺の護摩堂。崇徳天皇の御陵(白峯御陵・頓証寺殿《とんしょうじでん》)や本堂はまだ先にある。御陵の名前は当寺が建つ五色台《ごしきだい》の一峰、白峯に由来している。

悲運の天皇の御霊を鎮めた寺院

崇徳《すとく》天皇は悲運の天皇である。5歳で即位したものの実権は祖父（実は父であったともいう）の白河《しらかわ》上皇が握っており、白河上皇の崩御後は父の鳥羽《とば》上皇に退位を迫られた。院政の道も断たれた崇徳帝は復権をかけて後白河《ごしらかわ》天皇の一派と戦うことに。世にいう保元《ほげん》の乱である。

戦いに敗れて讃岐《さぬき》に配流《はいる》され、亡くなられた崇徳帝の御霊を慰めたのが、白峯寺であった。今もなお、多くの方々がお参りに訪れている。

綾松山 白峯寺

- 千手観音
- 香川県坂出市青海町 2635
- 0877-47-0305
- JR坂出駅よりタクシー約20分

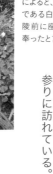

金刀比羅宮《ことひらぐう》

崇徳《すとく》天皇を相殿《あいどの》に祀る 航海と商売の神様

江戸時代、金刀比羅宮（通称、こんぴらさん）は伊勢神宮に次いで人気のある神社であった。大阪などから丸亀《まるがめ》まで船で行けたということもあって、多くの参詣者が一年を通して訪れたという。

信仰が全国に広まった理由はいくつか考えられるが、とくに大きかったのが北前船などの船乗りたちの宣伝であった。彼らは身をもって体験したこんぴらさんの霊験を、日本の隅々にまで伝えていった。いかに篤く信仰されていたかは、参道の石燈籠の数々からもうかがえる。また、滝沢馬琴《たきざわばきん》や十返舎一九《じっぺんしゃいっく》なども参詣者で賑わう様子を書いている。

讃岐《さぬき》まで行けない者は犬に代参させるこんぴら犬や、空樽に初穂料などを入れて「奉納　金毘羅大権現」と書いた旗を立てて流す流し樽を利用した。各地に分社も勧請されている。

その金刀比羅宮の本宮に、崇徳天皇が

1 本宮拝殿。神仏分離以前の当社は仏教色が濃かったが、本宮は明治11年（1878）に神道式の社殿に改築された。

2「こんぴらさん」といえば石段。大門まで365段、旭社まで628段、本宮まで785段。奥社まで1368段だ。足腰に自信がない人は石段駕籠で上がるという方法もある。

3 本宮からの眺望。讃岐平野が一望でき、讃岐富士（飯野山、釣燈籠の右の三角形の山）や丸亀城、琴電なども手に取るように見える。天気に恵まれると大山まで見ることができるという。

相殿の神として祀られている。崇徳帝は讃岐に流されてから金刀比羅宮を崇敬するようになり、崩御の前年の長寛《ちょうかん》元年（１１６３）には参籠もされた。こうした由縁により、崇徳帝の御霊を本宮で祀ることになったという。なお、崇徳天皇の御霊は奥社へ行く途中にある白峯《しろみね》神社でも祀られている。

神仏分離以降、金毘羅《こんぴら》大権現の呼称を廃し、金刀比羅宮とした。

金刀比羅宮《ことひらぐう》

- 大物主命、崇徳天皇
- 仲多度郡琴平町892-1
- 0877-75-2121
- 高松琴平電鉄（ことでん）琴電琴平駅より徒歩約15分、またはJR琴平駅より徒歩約20分

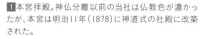

法住寺《ほうじゅうじ》

後白河《ごしらかわ》上皇の壮大な御所を偲ぶ

法住寺は永祚《えいそ》元年（989）に藤原為光《ためみつ》によって創建された。妻と娘の菩提《ぼだい》を弔うためだったという。

保元《ほげん》3年（1158）に退位された後白河上皇は、当地に御所を造営。その敷地は広大で蓮華王院《れんげおういん》（三十三間堂《さんじゅうさんげんどう》）なども含まれていた。また、信仰していた日吉大社《ひよしたいしゃ》・熊野《くまの》三山《さんざん》の分社も御所内に勧請された（両社とも現存）。崩御後は御陵もここに造られた。

幕末まで後白河天皇の御陵は法住寺が管理していたが、明治以降、御陵は宮内省の所管となり法住寺とは分離された。

法住寺《ほうじゅうじ》

- 不動明王
- 京都府京都市東山区三十三間堂廻り町655
- 075-561-4137
- 京阪電鉄七条駅より徒歩約10分

今熊野観音寺《いまくまのかんのんじ》

後白河上皇の頭痛を治した熊野権現ゆかりの十一面観音

唐から帰国間もない弘法大師空海は、この地で熊野権現の化身である白髪の老翁と出会い、1寸8分の十一面観音像を授かったという。大師は1尺8寸の観音像を彫って授かった像をその胎内に納め、この像を安置する寺を創建したと伝えられる。

長年、頭痛で苦しんでいた後白河上皇は当寺の本尊を厚く信仰し、枕元に姿を現した観音の教えを受けて完治したという。

本堂。空海が熊野権現の化身と出会った場所とされる。西国三十三所霊場第15番札所でもある。

新那智山《しんなちさん》 今熊野観音寺《いまくまのかんのんじ》

- 十一面観世音菩薩
- 京都府京都市東山区泉涌寺山内町32
- 075-561-5511
- JR京都駅よりバス約7分「泉涌寺道」下車、徒歩約10分、JR・京阪電車東福寺駅より徒歩約15分

水天宮《すいてんぐう》

壇ノ浦の戦いで生き残った女官が創建した水と安産の神

当宮は壇ノ浦の戦いから辛くも生き残った按察使局《あぜちのつぼね》伊勢《いせ》が当地まで逃れ来て、建久《けんきゅう》初年（1190）に創建したという。

伊勢（後に出家して千代と改名）は安徳天皇の母・建礼《けんれい》門院《もんいん》平徳子《たいらのとくし》に仕えていた女官で、まさに幼帝・安徳《あんとく》天皇の悲劇を目撃した人物であった。こうしたことから当宮は安徳天皇母子と平清盛《たいらのきよもり》の正室（二位《にい》の尼）を天之御中主《あめのみなかぬしの》神《かみ》とともに祀っている。

水天宮というと東京日本橋蛎殻《かきがら》町《ちょう》が有名だが、こちらが総本宮。天之御中主神・安徳天皇・高倉平中宮・二位の尼を祀る。

水天宮《すいてんぐう》

- 天之御中主神、安徳天皇、高倉平中宮、二位の尼
- 福岡県久留米市瀬下町265-1
- 0942-32-3207
- JR久留米駅より徒歩約10分

今熊野観音寺

赤間神宮《あかまじんぐう》

壇ノ浦に沈んだ安徳《あんとく》天皇の御霊を祀る

寿永《じゅえい》4年（1185）、壇ノ浦の戦いで平家は滅び、わずか8歳だった安徳天皇も二位の尼に抱かれて海中に没した。その御陵は赤間《あかま》関《せき》の阿弥陀《あみだ》寺に築かれ、建《けん》久《きゅう》2年（1191）には勅命により御陵の上に御影堂が建てられた。

明治の神仏分離に伴い阿弥陀寺は廃寺となり、御影堂は天皇社となった。昭和15年（1940）、赤間神宮に名を改め、官幣大社に列した。

龍宮造《りゅうぐうづくり》の水天門。昭和33年（1958）建立。徳富蘇峰《とくとみそほう》は「安徳天皇は水底に鎮み給うたが御霊は天上におられるから」水天門と名付けたとしている。

赤間神宮《あかまじんぐう》

- 安徳天皇
- 山口県下関市阿弥陀寺町4-1
- 083-231-4138
- JR下関駅よりバス約10分「赤間神宮前」下車、徒歩約2分

第43代元明天皇～第81代安徳天皇

奈良、平安時代になると、多くの天皇は深く仏教に帰依し、法王として摂関政治に対抗する上皇も現れた。そして、政治の世界では武家の台頭も始まった。

第43代
元明《げんめい》天皇

生 661～721 在 707～715

天智《てんじ》天皇の第4皇女。草壁皇子《くさかべのおうじ》の妃で、元正天皇と文武天皇の母。和同開珎を鋳造し、都を平城京に移した。在位中に『古事記』『風土記』の編纂がなされた。

第44代
元正《げんしょう》天皇

生 680～748 在 715～724

元明天皇の皇女、母の譲位を受けて未婚のまま即位した。養老律令の編纂、『日本書紀』の撰上、三世一身《さんぜいいっしん》の法の制定などを行ったのち、聖武天皇に譲位した。

第45代
聖武《しょうむ》天皇

生 701～756
在 724～749

文武天皇の第1皇子で、藤原不比等《ふじわらのふひと》の娘を皇后（光明皇后《こうみょうこうごう》）とした。仏教に帰依し、諸国に国分寺・国分尼寺を建立、東大寺および同寺の盧舎那仏《るしゃなぶつ》（大仏）を造立した。しかし、この大仏造立に加え、恭仁京《くにきょう》（木津川市）、紫香楽宮《しがらきのみや》（甲賀市）、難波宮《なにわのみや》（大阪市）と3回にわたる遷都で膨大な国費を費やしたため、国家財政は窮乏した。天平勝宝《てんぴょうしょうほう》元年（749）、孝謙天皇に譲位し、勝満《しょうまん》と号した。

第46代
孝謙《こうけん》天皇

生 718～770 在 749～758

聖武天皇の第2皇女で、母は光明皇后。即位後、東大寺大仏の開眼供養を行い、藤原仲麻呂《なかまろ》（恵美押勝《えみのおしかつ》）を重用。橘《たちばなの》奈良麻呂《ならまろ》の乱ののち、淳仁天皇に譲位した。

第47代
淳仁《じゅんにん》天皇

生 733～765 在 758～764

舎人《とねり》親王（天武天皇の皇子）の第7皇子。藤原仲麻呂に「恵美押勝」の名を授けたが、仲麻呂の道鏡《どうきょう》排斥が失敗に終わると、その責任を問われ淡路島に流された。

第48代
称徳《しょうとく》天皇

生 718～770 在 764～770

淳仁天皇を廃した孝謙天皇は、自ら重祚《ちょうそ》し称徳天皇となった。僧・道鏡を重用し、「道鏡を皇位に就かせよ」との神託を得たという宇佐八幡宮神託事件を起こした。

第49代
光仁《こうにん》天皇

生 709～781 在 770～781

天智天皇の孫。称徳天皇の崩御後、藤原永手《ふじわらのながて》、藤原百川《ふじわらのももかわ》らに擁立されて即位。道鏡を左遷し、宇佐八幡宮神託事件で配流となっていた和気清麻呂《わけのきよまろ》を召還した。

第50代
桓武《かんむ》天皇

生 737～806
在 781～806

光仁天皇の第一皇子。母が渡来人系だったため当初皇位継承者ではなかったが、皇太子の他戸《おさべ》親王が廃されたため、45歳で即位。奈良時代の仏教政治の弊害を取り除くため、最澄《さいちょう》などを重用して平安仏教を確立し、延暦《えんりゃく》13年（794）に平安京を開いた。また。蝦夷《えみし》平定のため坂上田村麻呂《さかのうえのたむらまろ》を征夷大将軍として奥羽《おうう》（東北地方）に派遣するなど、律令国家としての強化と拡大をはかった。

『歴代天皇肖像画』提供：彌彦神社（▶p160）

第51代
平城《へいぜい》天皇

生 774～824 在 806～809

桓武天皇の第1皇子。即位の約3年後、弟の嵯峨《さが》天皇に譲位し上皇となるも、寵愛していた女官の藤原薬子《ふじわらのくすこ》にそそのかされ重祚をはかり（薬子の変）、失敗して出家した。

高岳《たかおか》親王とは？

※写真は『真如親王画像』（東京大学史料編纂所所蔵模写）

平城天皇の第3皇子。薬子の変で太子を廃され、出家して空海の弟子となった。空海が入滅したのち唐に渡り、さらにインドに向かったが消息不明となった。

第52代
嵯峨《さが》天皇

生 786～842 在 809～823

桓武天皇の第2皇子。薬子の変を鎮圧し、蔵人所《くろうどどころ》と検非違使《けびいし》をもうけて律令制の強化をはかった。能書家として知られ、橘逸勢《たちばなのはやなり》、空海とともに三筆と称される。

第53代
淳和《じゅんな》天皇

生 786～840 在 823～833

桓武天皇の第3皇子。令の解釈を記した『令義解《りょうぎのげ》』を編纂させるなど律令制の強化をはかった。また、漢詩に造詣が深く、勅撰漢詩文集『経国集《けいこくしゅう》』を編ませた。

第54代
仁明《にんみょう》天皇

生 810～850 在 833～850

嵯峨天皇の第2皇子で、深草帝《ふかくさのみかど》とも称する。嵯峨・淳和両上皇の没後、藤原良房《よしふさ》が画策した承和の変が起こり、藤原北家《ほっけ》による政権独占のきっかけとなった。

第55代
文徳《もんとく》天皇

生 827～858 在 850～858

仁明天皇の第1皇子で、母は藤原良房の妹・順子《のぶこ》。在位中は藤原良房が権勢を誇った時期で、実権は良房に握られていた。即位から約9年後に32歳で崩御。

第56代
清和《せいわ》天皇

生 850～880 在 858～876

文徳天皇の第4皇子。政治の実権は、外祖父であり太政大臣の藤原良房が握った。孫の経基《つねもと》に源氏の姓を与え、のちに幕府を開く源頼朝《みなもとのよりとも》ら清和源氏の祖となった。

第57代
陽成《ようぜい》天皇

生 868～949 在 876～884

清和天皇の第1皇子。清和天皇の譲位により9歳で即位したが奇行が多く、摂政として実権を握っていた藤原基《もと》経《つね》によって17歳で廃位させられた。

第58代
光孝《こうこう》天皇

生 830～887 在 884～887

仁明天皇の第3皇子で、太政大臣の藤原基経に擁立され55歳で即位。政治は基経を通して奏上させる形をとったため、これが実質的な関白《かんぱく》のはじまりとされる。

第59代
宇多《うだ》天皇

生 867～931 在 887～897

光孝天皇の第7皇子。藤原基経の死後、菅原道真《すがわらのみちざね》を登用して政治の刷新をはかった。寛平《かんぴょう》9年（899）に皇子の醍醐天皇に譲位し、仁和寺《にんなじ》で出家し初の法皇となった。

第60代
醍醐《だいご》天皇

生 885～930 在 897～930

宇多天皇の第1皇子。藤原時平《ときひら》を左大臣、菅原道真を右大臣として登用。菅原道真が藤原時平の讒言《ざんげん》により左遷されてからは、時平を重用して親政を行った。

第61代
朱雀《すざく》天皇

生 923～952 在 930～946

醍醐天皇の第二皇子。在位中は天災が多く、平将門《たいらのまさかど》と藤原純友《すみとも》の乱（承平《じょうへい》・天慶《てんぎょう》の乱）が起こるなど世俗が混乱し、のちの武士の台頭の下地をつくった。

※生 生没年 在 在位した年数（いずれも西暦）

第62代
村上《むらかみ》天皇

生 926~967 在 946~967

醍醐天皇の第14皇子。関白の藤原忠平《ただひら》の死後、摂関を置かずに親政を行い、後世「天暦《てんりゃく》の治」と称された。子孫から村上源氏が興った。

第63代
冷泉《れいぜい》天皇

生 950~1011 在 967~969

村上天皇の第2皇子。村上天皇の崩御後18歳で即位したが、病弱だったため藤原実頼《さねより》が関白として後見し、政治の実権は藤原氏が握った。在位2年あまりで譲位。

第64代
円融《えんゆう》天皇

生 959~991 在 969~984

村上天皇の第5皇子。在位中は藤原実頼、伊尹《これただ》、兼通《かねみち》、頼忠《よりただ》らが摂関として執政。譲位後は出家し、円融寺《えんゆうじ》に住んで風流風雅の生活を送った。

第65代
花山《かざん》天皇

生 968~1008 在 984~986

冷泉天皇の第1皇子。右大臣の藤原兼家《かねいえ》・道兼《みちかね》父子にはかられ、在位1年余で退位して花山寺《かざんじ》に出家。以後、叡山や熊野などを遍歴して仏道を極めたという。

第66代
一條《いちじょう》天皇

生 980~1011 在 986~1011

円融天皇の第1皇子。在位中は藤原道兼、道長《みちなが》が相次いで政権を握った藤原氏の全盛時代で、紫式部《むらさきしきぶ》や清少納《せいしょうな》言《ごん》らすぐれた王朝文学が花開いた時代でもあった。

第67代
三條《さんじょう》天皇

生 976~1017 在 1011~1016

冷泉天皇の第2皇子で、在位中は左大臣として権勢をふるった藤原道長としばしば対立。眼病を理由に道長から譲位を迫られ、在位5年で後一条天皇に譲位した。

第68代
後一條《ごいちじょう》天皇

生 1008~1036 在 1016~1036

一条天皇の第2皇子で、母は藤原道長の娘・彰子《しょうし》。在位中は道長が摂政となったのち、道長の長男・頼通《よりみち》が摂政・関白として執政。また、道長の娘・威子《いし》を皇后とした。

第69代
後朱雀《ごすざく》天皇

生 1009~1045 在 1036~1045

一条天皇の第3皇子で、母は一条天皇と同じ彰子。在位中は彰子の弟・頼通が関白として権勢をふるった。即位から約9年後に病のため譲位し、その2日後に崩御。

第70代
後冷泉《ごれいぜい》天皇

生 1025~1068 在 1045~1068

後朱雀天皇の第1皇子で、母は藤原道長の娘・嬉子《きし》。関白・藤原頼通が建立した平等院《びょうどういん》に行幸して3日滞在し、頼通を准三宮《じゅさんぐう》に叙した。在位中に前九年《ぜんくねん》の役が勃発。

第71代
後三條《ごさんじょう》天皇

生 1034~1073 在 1068~1073

後朱雀天皇の第2皇子で、母は三条天皇の皇女・禎子《ていし》内親王。即位後は藤原氏の専横を押さえ、荘園整理を断行するなど親政を押し進めた。

第72代
白河《しらかわ》天皇

生 1053~1129 在 1073~1087

後三条天皇の第1皇子で、深く仏教に帰依した。藤原摂関政治の弱体化に乗じて実権を握り、譲位後も、堀川、鳥羽、崇徳天皇の3代にわたって院政を行った。

第73代
堀河《ほりかわ》天皇

生 1079~1107 在 1086~1107

白河天皇の第2皇子。8歳で即位したため当初は白河上皇が院政を行ったが、長じてからは政務に励み、和歌・管弦にも造詣が深く「末代の賢王」と称えられた。

第74代
鳥羽《とば》天皇

生 1103〜1156　在 1107〜1123

堀河天皇の第1皇子。白河院の没後、崇徳、近衛、後白河天皇の3代にわたって院政を行った。また、深く仏教に帰依し、最勝寺《さいしょうじ》などを創建した。

写真提供：法金剛院

待賢門院《たいけんもんいん》璋子《しょうし》とは？

父は権大納言の藤原公実《きんざね》で、幼少時に白河上皇の猶子《ゆうし》（義子）となり寵愛を受けたという。その後、入内《じゅだい》して鳥羽天皇の女御《にょうご》となり、翌年立后（※）。崇徳、後白河両天皇ほか、7人の皇子、皇女を生んだ。晩年は仏教に深く帰依し、円勝寺《えんしょうじ》、法金剛院《ほうこんごういん》を建立。末子の本仁《もとひと》親王（覚《かく》性入道《しょうにゅうどう》親王）を仁和寺で出家させ、自身も法金剛院で出家し、尼となった。

第75代
崇徳《すとく》天皇

生 1119〜1164　在 1123〜1141

鳥羽天皇の第1皇子で、母は待賢門院藤原璋子だが、実の父は白河院ともいわれている。5歳で即位するも、鳥羽上皇に近衛天皇への譲位を強いられ、退位後は新院と称した。鳥羽院の死後、自分の子の即位がかなわなかったため、後白河天皇と争い保元《ほうげん》の乱を起こすが敗れて讃岐《さぬき》に流され、配所で崩御。死後、怨霊として恐れられた。讃岐院とも称される。

第76代
近衛《このえ》天皇

生 1139〜1155　在 1141〜1155

鳥羽天皇の第9皇子で、母は美福門院《びふくもんいん》藤原得子《なりこ》。3歳で即位し、在位中は父の鳥羽院が院政を行った。生来病弱で、眼病のためわずか16歳で崩御した。

第77代
後白河《ごしらかわ》天皇

生 1127〜1192　在 1155〜1158

鳥羽天皇の第4皇子で、母は待賢門院璋子。在位中に保元の乱が勃発し、勝利。しかし、在位わずか3年で譲位して上皇となり、六条、高倉、安徳、後鳥羽天皇の4代にわたって院政を敷いた。院政を行った時期は武家の台頭期で、平氏の全盛と源平合戦、平氏の滅亡と鎌倉幕府の成立など激動の時代だった。また、神仏への信仰が篤く、寺院建立や社寺参詣を盛んに行った。

第78代
二條《にじょう》天皇

生 1143〜1165　在 1158〜1165

後白河天皇の第一皇子。即位翌年に平治《へいじ》の乱が起きて御所内に幽閉されたが、平清盛《たいらのきよもり》によって救出された。父の院政に抵抗し、親政を行おうとしたが果たせなかった。

第79代
六條《ろくじょう》天皇

生 1164〜1176　在 1165〜1168

二条天皇の第2皇子で、わずか2歳で即位。在位3年弱で譲位して上皇となった。在位中は祖父の後白河院が院政を行い、平清盛が太政大臣《だじょうだいじん》となった。

第80代
高倉《たかくら》天皇

生 1161〜1181　在 1168〜1180

後白河天皇の第7皇子で、母は平時信の娘・建春門院《けんしゅんもんいん》慈《じ》子《し》。後白河院の院政下に即位し、平清盛の娘・建礼門院《けんれいもんいん》徳子《とくし》を皇后としたが、父と清盛の不和を憂えて譲位した。

第81代
安徳《あんとく》天皇

生 1178〜1185　在 1180〜1185

高倉天皇の第1皇子で、母は建礼門院徳子。1歳で即位し、源平の戦いで都落ちし西国へ逃れたが、壇之浦の戦いの際、わずか8歳で平家一門とともに入水した。

※生 生没年　在 在位した年数（いずれも西暦）

※立后…皇后となり、皇族の身分を得ること。

Column-04

天皇と石清水八幡宮《いわしみずはちまんぐう》

八《はち》幡神《まんしん》はすでに8世紀半ば頃より朝廷の崇敬を受けるようになっていた。しかし、それは地方の有力神（神社）に対するものであって、天皇個人が信仰するというものではなかった。天皇と八幡神の親密度が高まるのは、石清水八幡宮が創建されてからのことである。

社伝によると、石清水八幡宮の創建は貞観《じょうがん》元年（８５９）のことで、大安寺《だいあんじ》の行教《ぎょうきょう》に「都近くに移座して国家を鎮護する」と託宣があったためという。行教がこのことを朝廷に報告すると、第56代清和《せいわ》天皇の勅命によって社殿が建立されることになった。

この頃より八幡神は応神《おうじん》天皇の神霊という説が広まり、石清水八幡宮は伊勢神宮に次ぐ皇祖神の神社として崇敬されるようになっていった。「二所宗廟《にしょそうびょう》」という言い方もされるようになったが、宗廟扱いされるのはあくまで石清水八幡宮で、本宮である宇佐神宮ではなかったことは興味深い。

第64代円融《えんゆう》天皇以降、行幸《ぎょうこう》も盛んになり、上皇のも加えると２４０回を越えたという。幕末の第１２１代孝明《こうめい》天皇も石清水八幡宮へ行幸し、攘夷《じょうい》を祈願している。

ちなみに、八幡神といえば清和天皇の嫡流である源氏一門の氏神として有名だが、八幡神社が全国に数多く祀られているのは、源氏一門をはじめとした武将たちが八幡神を遠征先や自身の領国などに勧請したことによる。

石清水八幡宮の本社社殿（国宝）。手前の二階建て部分は楼門。写真では見えないが、この奥に現存最古・最大の八幡造の本殿がある。

第五章

中世以降の天皇家と神社・お寺

武家政権が誕生すると、それに反発する天皇も現れた。
中世以降の天皇家の激動の歴史は、
今なお多くの神社やお寺に伝わっている。

武士の時代の到来と天皇家

第82代後鳥羽天皇〜第121代孝明天皇

菱川師宣画『小倉百人一首』（国立国会図書館蔵）より後鳥羽院。承久3年（1221）、後鳥羽院は北条義時《よしとき》の追討を謀って承久《じょうきゅう》の乱を起こすが幕府軍に敗れ、隠岐《おき》に配流となった。

菱川師宣『小倉百人一首』（国立国会図書館蔵）より順徳院《じゅんとくいん》。父の後鳥羽院とともに鎌倉幕府打倒計画に参画し、仲恭天皇に譲位して挙兵するも敗れ、佐渡に配流された。

鎌倉幕府の成立と流罪にされた上皇たち

天皇を中心とした貴族社会にとって鎌倉幕府の成立は、自身の存立が揺らぐほどの衝撃だったと思われる。

それまでは朝廷内での権力闘争や地方の反乱といったことはあっても、日本国に君臨する「王」は天皇ただ1人であった。しかし、幕府の成立によりもう1人併存することになってしまったのだ。

形式上は将軍といえども天皇の臣下であったが、その権勢は天皇を超えていることが承久の乱で明らかにされた。後鳥羽《ごとば》・土御門《つちみかど》・順徳《じゅんとく》の3上皇は流罪に、第85代仲恭《ちゅうきょう》天皇は廃位となったのである。

元寇《げんこう》が生んだ神国思想と後醍醐《ごだいご》天皇の建武《けんむ》の新政

朝廷と幕府の緊張関係は源氏の将軍が3代で絶え、親王を将軍として迎えることになったことで緩和に向かった。実権は執権の北条《ほうじょう》氏が握っていたとはいえ、天皇を頂点とする国家制度が再確認されたからだ。

しかし、国を揺るがす事態が、今度は海外から訪れた。元寇である。

国の存在すら危ぶまれる難局に、朝廷にも幕府にも緊張が走った。そしてすがったのが神仏であった。亀山《かめやま》上皇は伊勢神宮と熊野三山で自ら祈願を行い怨敵退散を祈った。

元寇に伴う朝廷・幕府の寺社への祈願と、「神風《かみかぜ》」による元軍の敗走は、神国思想を広めた。そして、これが地下水脈となって後醍醐《ごだいご》天皇の建武の新政へとつながったのである。

『皇国紀元二千六百年史』(国立国会図書館蔵)より後醍醐天皇。後醍醐天皇は倒幕に失敗し隠岐に流されたのち、脱出して建武の中興に成功。しかし、足利尊氏の謀反により譲位して吉野に逃れ、南朝を樹立するも悲運のうちに没した。

建武の新政の失敗と朝廷の形骸化

第96代後醍醐天皇の建武の新政は、天皇親政の時代に戻すという大改革でまさに画期的なものであった。しかし、改革を急ぐ余り政権を支える武士団への配慮を欠き、改革は2年半ほどで瓦解してしまった。

しかも、これをきっかけに天皇家は南朝と北朝の二つに分裂し、権威の失墜を招いてしまう。両朝の対立が続く中、皇室や公家、寺社の生活を支えていた荘園などに武家の支配が及ぶようになり、南北が合一した後も朝廷の弱体化は進んでいった。

朝廷は幕府の力を借りなければ国を治めることができなくなり、天皇は幕府に権威を与える象徴的存在となっていった。

『後醍醐天皇第三皇子大塔宮護良親王誦読於鎌倉土牢法華経図』(国立国会図書館蔵)。後醍醐天皇の皇子・護良《もりよし》親王は、足利尊氏《あしかがたかうじ》と対立したため鎌倉に幽閉され、中先代《なかせんだい》の乱の際、足利直義《なおよし》によって殺された。

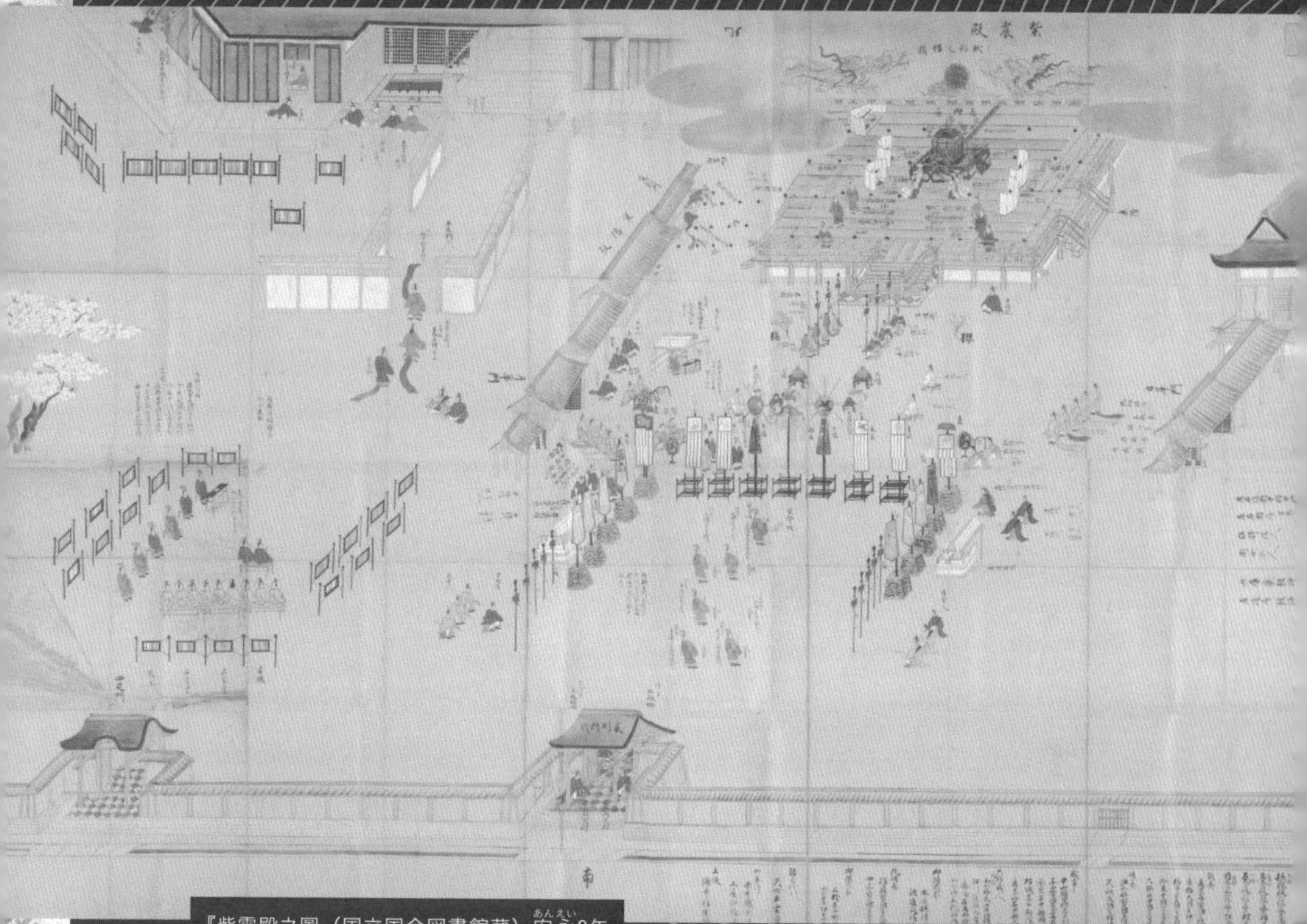

『紫震殿之圖』(国立国会図書館蔵)。安永《あんえい》9年(1780)の光格《こうかく》天皇即位時の記録。光格天皇は朝廷の儀式や神事を数多く再興した。また、実父の典仁《すけひと》親王に太上天皇の尊号を宣下しようとして幕府の反対にあい断念。この「尊号事件」は後の尊王思想に大きな影響を与えたという。

伊勢神宮の庶民信仰化が生んだ日本の神話と天皇の再発見

朝廷の弱体化は朝廷と深く結びついていた社寺の経営も逼迫《ひっぱく》させた。天皇の神社ともいうべき存在で天皇以外の参拝を制限してきた伊勢神宮も例外ではなく、社殿や行事を維持し続けるために庶民の参拝を受け入れるようになった。

そして、江戸時代には空前の伊勢参宮ブームが起こった。伊勢神宮だけではなく、各地の神社仏閣にも多くの参拝者が訪れた。こうした宗教体験を通して、庶民たちはそれまで無関心だった日本の神話を再発見することになった。そして、将軍の上に天皇という存在があることを知ったのである。

ここから国学の発展が起こり、さらには尊皇思想、明治維新へとつながった。

泉涌寺《せんにゅうじ》

仏殿（重要文化財）。本尊の三世仏《さんぜぶつ》（過去・現在・未来を表す阿弥陀・釈迦・弥勒仏）を安置する。寛文《かんぶん》8年（1668）再建。

宋風の伽藍・仏像と月輪陵《つきのわのみささぎ》・後月輪陵《のちのつきのわのみささぎ》

　現在、泉涌寺がある場所にはかつて仙《せん》遊寺《ゆうじ》という寺院があったが、宋で12年間仏教を学んできた俊芿《しゅんじょう》に帰依した宇都宮《うつのみや》信房《のぶふさ》が寺地として寄進した。

　これを受けて俊芿は、建保《けんぽう》6年（1218）にここに新たな寺院を建立して、律《りつ》を基本にした天台・真言・禅・浄土の四宗兼学の道場とした。この時、境内から泉が湧いたことから寺号を泉涌寺に改めたという。

　その後、律の研究の中心寺院として多くの僧が集まり、また皇室や貴族の信仰を集めたが、応仁《おうにん》の乱で伽藍《がらん》を焼失した。本格的に復興されたのは、戦国時代に入ってからのことであった。

　泉涌寺の信仰で注目されるのは、四条《しじょう》天皇の葬儀（1242年）以降、天皇の葬儀や埋葬が行われるようになったことだ。後光明《ごこうみょう》天皇（1654年崩御）から孝明《こうめい》天皇までは葬儀も埋葬も泉涌寺で行

1 御座所《ござしょ》庭園。泉涌寺には天皇・皇后の御陵墓があるので、皇室のご参拝に備えた御座所がある。

2 御陵拝所。この奥に月輪陵・後月輪陵があり、四条天皇および後水尾天皇から孝明天皇までの25陵、5灰塚、9墓が営まれている。

写真提供：御寺泉涌寺

われている。これについては、後堀河《ごほりかわ》天皇の中宮（天皇の后）の父で東福寺《とうふくじ》の創建者でもあり、俊芿の崇敬者の1人であった九条道家《くじょうみちいえ》の影響があったのではないかといわれている。

なお、泉涌寺は楊貴妃《ようきひ》観音など宋時代風の仏像が安置されていることでも有名。また、俊芿の筆による『泉涌寺勧縁《かんえん》疏《そ》』と『附法状《ふほうじょう》』が現存しており、いずれも国宝に指定されている。

御寺《みてら》 泉涌寺《せんにゅうじ》

三世仏（釈迦如来、阿弥陀如来、弥勒如来）
京都府京都市東山区泉涌寺山内町27
075-561-1551
JR京都駅よりタクシー約10分、
またはJR・京阪東福寺駅より徒歩約20分

亀山天皇が開創した禅寺

南禅寺《なんぜんじ》

↑三門(重要文化財)。藤堂高虎《とうどうたかとら》が大坂夏の陣で戦死した家来の供養のために寛永《かんえい》5年(1628)に再建したもの。歌舞伎「楼門五三桐《さんもんごさんのきり》」の名場面でも知られる。

←水路閣。琵琶湖の水を京都に引いて水道や発電に用いた琵琶湖疏水の水道橋。明治23年(1890)竣工。近代化遺産としても注目されている。

坐禅で妖怪を退治した無関普門《むかんふもん》を開山とする

南禅寺の場所にはかつて最勝院《さいしょういん》という寺院があったが鎌倉時代には廃絶していた。文永《ぶんえい》元年（1264)、亀山《かめやま》天皇はここに離宮・禅林寺殿《ぜんりんじでん》を造り、退位後の正応《しょうおう》2年（1289）には禅林寺殿で出家したが、この頃、禅林寺殿ではものけによる怪異が頻発していた。これを鎮めたのが禅僧の無関普門であった。

法皇は離宮を寺として普門を開山に迎えた。天皇家を檀家とする最初の禅寺となった。

瑞龍山《ずいりゅうざん》 太平興国南禅禅寺《たいへいこうこくなんぜんぜんじ》

- 釈迦三尊像
- 京都府京都市左京区南禅寺福地町
- 075-771-0365
- 市営地下鉄蹴上駅より徒歩約10分

妙心寺《みょうしんじ》

関山《かんざん》の峻烈な禅風を伝える臨済宗妙心寺派の大本山

妙心寺の歴史は花園《はなぞの》法皇が文保《ぶんぽう》2年（1318）に花園の離宮に隠棲したことに始まる。法皇は宗《しゅう》峰妙超《ほうみょうちょう》に帰依し、その指導を受けて禅を学んでいたが、建武4年（1337）に離宮を禅寺にし、妙超の弟子の関山慧玄《かんざんえげん》を開山に迎えた。都の喧噪を嫌う慧玄はいったん妙心寺を離れたが、花園法皇の遺勅により寺に戻り、後進の育成に努めたとされる。

慧玄の禅風は峻烈で虚飾を排したもので、語録も墨跡も残さなかった。その机上には花園法皇と後醍醐天皇の宸翰《しんかん》しか置かれていなかったという。

➔鐘楼。かつてここには黄金調《おうじきちょう》と称された国宝の梵鐘が下げられていた（現在は法堂に移動）。698年に鋳造されたもの。

正法山《しょうぼうざん》 妙心寺《みょうしんじ》

- 釈迦三尊像京都府
- 京都府京都市右京区花園妙心寺町1
- 075-466-5381
- JR京都駅よりバス約42分「妙心寺北門前」下車、徒歩約2分、またはJR花園駅より徒歩約5分

⬇仏殿（重要文化財）。文政《ぶんせい》13年（1830）創建。釈迦三尊像を安置する。

金峯山寺《きんぷせんじ》

↑上千本《かみせんぼん》付近からの本堂・蔵王堂（国宝）遠望。中央にある大きな建物が蔵王堂。この左のほうに後醍醐天皇の皇居（吉野朝皇居）があった。

←蔵王堂（国宝）。安土桃山時代の再建で正面・奥行36メートル、高さ34 メートル。巨大な蔵王権現立像3体（秘仏、重要文化財）を本尊とする。

後醍醐《ごだいご》天皇が起死回生を誓った修験道の聖地

寺伝によると白鳳《はくほう》年間（7世紀後半）に修行で金峯山《きんぷせん》に入った役小角《えんのおづぬ》が感得《かんとく》した蔵王権現の姿を桜の木に写し、山上《さんじょう》ヶ嶽《たけ》と吉野山《よしのやま》に祀ったことに始まるという。その後、修験道の霊地として知られるようになり、藤原道長《ふじわらのみちなが》などの貴族も霊験を求めて登山し写経を納めた。

　南北朝時代には、後醍醐天皇が吉野山を行在所《あんざいしょ》と定め南朝の拠点としたために戦火が及び、多くの伽藍を焼失した。

国軸山《こくじくさん》 金峯山寺《きんぷせんじ》

- 蔵王権現立像
- 奈良県吉野郡吉野町吉野山
- 0746-32-8371
- 近鉄吉野駅よりロープウェイ約5分「吉野山」下車、徒歩約10分

天龍寺《てんりゅうじ》

↑曹源池庭園。夢窓疎石によって作庭された池泉回遊式庭園。嵐山や亀山などを借景としている。疎石の代表作の一つとされる。史跡・特別名勝に指定されている。

後醍醐天皇の霊を慰めるために創建された禅寺

天龍寺は後醍醐天皇の霊をなぐさめるために足利尊氏が暦応《りゃくおう》2年(1339)に創建した禅寺である。夢窓疎石《むそうそせき》の勧めに従ったと伝えられ、その資金捻出のため元《げん》に貿易船(天竜寺船)さえ派遣された。

こうして創建された天龍寺の境内は広大なものだった。当時は桂《かつら》川《がわ》に架かる渡月橋《とげつきょう》も嵐山もみな境内に含まれていた。果たして、疎石もそのように広い境内が必要だと考えていたかどうかはわからない。しかし、この地に建てることの意義は、強く意識していたようだ。

もともとこの地には嵯峨《さが》天皇の皇后(檀林《だんりん》皇后)が建てた禅林寺《ぜんりんじ》があった。禅林寺は日本最初の禅寺とされるので、疎石はその伝統を継ごうと考えたらしい。庭園の中心となる池に曹源池と名づけたのも、禅の正統を受け継ぎ伝えていくという決意が込められている。

勅使門。17世紀初頭頃のものと考えられる四脚門《しきゃくもん》。伏見城から移築されたと伝えられていたが、近年の研究により内裏の門を移築したものと判明した。

霊亀山《れいぎざん》 天龍資聖禅寺《てんりゅうしせいぜんじ》

- 釈迦如来坐像
- 京都府京都市右京区嵯峨天龍寺芒ノ馬場町68
- 075-881-1235
- 嵐電嵐山駅より徒歩約2分、またはJR嵯峨嵐山駅より徒歩約13分

吉水神社《よしみずじんじゃ》

1 庭園。吉水院の庭として築かれたもので、現在の庭園は桃山時代の作庭とされる。

2 境内。奥が書院。近世まで金峯山寺の塔頭（付属寺院）であったが、今はその面影はない。

3 書院にある後醍醐天皇玉座の間。京の花山院から密かに吉野へと逃れられた後醍醐天皇が、最初に落ち着かれた場所とされる。ただし、豊臣秀吉の花見の際に改築されている。

現存する唯一の後醍醐天皇の吉野行宮

当社が神社となったのは明治の神仏分離の時で、それ以前は吉水院という金峯山寺の塔頭《たっちゅう》（本寺に属する寺院）であった。伝説によれば役小角《えんのおづぬ》の開創で、金峯山寺の中でも格式の高い塔頭とされていた。文治《ぶんじ》元年（1185）に源義経《みなもとのよしつね》が静《しずか》御前や弁慶《べんけい》とともに隠れ住んだという。建武《けんむ》3年（1336）には、足利尊氏の軍勢から逃れた後醍醐天皇が訪れ行《あん》宮《ぐう》とした。現在、吉野で天皇の足跡を残す建物はここだけだ。

吉水神社《よしみずじんじゃ》

- 後醍醐天皇、楠正成公、吉水院宗信法印公
- 奈良県吉野郡吉野町吉野山579
- 074-632-3024
- 近鉄吉野駅よりロープウェイ約5分「吉野山駅」下車、徒歩約20分

般若寺《はんにゃじ》

本堂。本尊は後醍醐天皇の念持仏《ねんじぶつ》とされる文殊菩薩騎獅像（重要文化財）。

市民救済の拠点であり 護良《もりよし》親王が隠れた場所

般若寺は叡尊《えいそん》をはじめとした真言律宗の僧たちが庶民救済の拠点とした寺である。寺の歴史は飛鳥時代にさかのぼるのだが、平安末の平家の南都焼討で伽藍は焼失。これを復興したのが叡尊らであった。

境内の中央に立つ十三重石塔（重要文化財）は、復興のモニュメントともいえるもので、叡尊らの活動に先立って建長《けんちょう》5年（1253）に建てられた。国宝の楼門も同時期のものだ。叡尊らは飢えた人たちに食を配ったり医療活動をしたりしていたので経済的余裕がなく、楼門も余計な装飾は排した設計になっている。

後醍醐天皇の第3皇子の護良親王が身を潜めた場所としても知られる。追っ手が寺内に入って来た時、親王は唐櫃《からびつ》に隠れてやり過ごしたと伝えられている。

楼門（国宝）。通常、楼門は間口が3間（柱と柱の間が三つ）だが、この門は1間。貧民救済の資金捻出のために簡素な建て方になったのではないかといわれている。

法性山《ほうしょうざん》 般若寺《はんにゃじ》

- 文殊菩薩騎獅像
- 奈良県奈良市般若寺町221
- 0742-22-6287
- 近鉄奈良駅よりバス約10分「般若寺」下車、徒歩約3分、またはJR奈良駅よりバス約15分「般若寺」下車、徒歩約3分

鎌倉宮《かまくらぐう》

鎌倉宮は護良親王が幽閉されていた東光寺《とうこうじ》跡に建てられている。宮号は創建を命じた明治天皇自ら考えられたものという。明治2年(1869)創建。

明治天皇の勅命で創建された大塔宮《おおとうのみや》護良《もりよし》親王顕彰の社

当宮は明治天皇の勅命により、大塔宮護良親王を顕彰するために創建された。

護良親王は後醍醐天皇の第3皇子で、幼くして出家し、天台宗のトップである天台座主にまで出世した。しかし、後醍醐天皇の倒幕計画を知り、参戦。建武の新政では征夷大将軍に任じられたが、冤罪で捕らえられ暗殺された。

明治天皇は親王の志を高く評価しており、明治6年（1873）には自ら当宮に行幸参拝している。

⛩ 鎌倉宮《かまくらぐう》

- 大塔宮護良親王
- 神奈川県鎌倉市二階堂154
- 0467-22-0318
- JR鎌倉駅よりバス約10分「大塔宮」下車すぐ

歴代天皇総覧⑤

第82代後鳥羽天皇～第121代孝明天皇

武家政権が誕生すると、やがて天皇は政治の実権を失っていった。しかし、江戸時代に国学が盛んになると、徐々に尊王思想が醸成されていった。

第82代
後鳥羽《ごとば》天皇

生 1180～1239
在 1183～1198

高倉天皇の第4皇子で、母は准后七条院《じゅごうしちじょういん》藤原殖子《しょくし》。在位4年半で土御門に譲位し、18才で院政を開始した。都落ちした安徳天皇が三種の神器を持ち去っていたため、神器継承の儀式を執り行わない異例の即位となった。1219年には、内紛や跡継ぎに揺れ、政権の先行きが懸念されていた鎌倉幕府から、天皇親政の政治形態に戻すべく討幕を決意。三代将軍 源実朝《みなもとのさねとも》の暗殺を計画し承久《じょうきゅう》の乱となったが、結果は幕府の完勝。降伏を余儀なくされ、隠岐《おき》に配流となり18年の配所生活の末、同島で没した。蹴鞠、管弦、書画などに秀でており、多才多芸な文化人としても高名だった。和歌にも優れ、晩年は『新古今和歌集』の編纂に心血を注いだ。

第83代
土御門《つちみかど》天皇

生 1195～1231 在 1198～1210

後鳥羽天皇の第1皇子で、母は内大臣源通親《みちちか》の娘の在子《ざいし》。後鳥羽天皇の譲位を受け2歳で即位。承久《じょうきゅう》の乱によって土佐へ流罪となり、のちに阿波に移ってこの地で崩御した。

第84代
順徳《じゅんとく》天皇

生 1197～1242 在 1210～1221

後鳥羽天皇の第3皇子で、母は藤原重子《じゅうし》。13歳で即位すると皇権の回復に努め、後鳥羽院とともに討幕を計画するも完敗。佐渡に配流され、配所で崩御した。

第85代
仲恭《ちゅうきょう》天皇

生 1218～1234 在 1221～1221

順徳天皇の第4皇子で、母は九条立子《くじょうりっし》。2歳で皇位に就くも、承久の乱が勃発。幕府に皇位を廃され、在位はわずか3カ月であった。廃位後、15歳という若さで崩じた。

第86代
後堀河《ごほりかわ》天皇

生 1212～1234 在 1221～1232

守貞《もりさだ》親王の第3皇子。承久の乱の後、鎌倉幕府により擁立された。在位中、父の守貞親王が後高倉院《ごたかくらいん》として、皇位に就かないまま異例の院政を行った。

第87代
四條《しじょう》天皇

生 1231～1242
在 1232～1242

後堀河天皇の第1皇子。2歳で即位し、12歳で事故死した。いたずらをしようと御所の廊下に滑石を撒いたところ、自身が転倒しての崩御。しかし、その死は承久《じょうきゅう》の乱により配流された後鳥羽上皇の怨霊の仕業との噂が流布した。跡継ぎが存在しなかったため、皇位継承をめぐって朝廷と幕府の思惑が交錯し、次の天皇選びは紛糾。幕府が天皇位の決定権を握るきっかけとなった。

第88代
後嵯峨《ごさが》天皇

生 1220～1272 在 1242～1246

土御門天皇の第1皇子。母は源通子《つうし》。四条天皇の崩御後、幕府に擁立され即位。譲位後の1252年には、幕府の求めに応じ初めて親王を宮将軍《みやしょうぐん》として送り出した。

『歴代天皇肖像画』提供：彌彦神社（▶p160）

第89代
後深草《ごふかくさ》天皇

生 1243～1304
在 1246～1259

後嵯峨天皇の第2皇子または第3皇子。4歳で即位するも、後嵯峨院の意向により16歳で弟の亀山天皇に譲位。その後、皇統が亀山天皇の系統である大覚寺統《だいかくじとう》に相伝されそうになると、鎌倉幕府の後押しで後深草天皇の子・熙仁《ひろひと》親王が伏見天皇として即位した。これを機に、後深草系の「持明院統《じみょういんとう》」と亀山系の「大覚寺統」が交互に即位する両統迭立《てつりつ》が始まった。

第90代
亀山《かめやま》天皇

生 1249～1305
在 1259～1274

後嵯峨天皇の第3皇子。後宇多天皇に譲位後の院政中、文永《ぶんえい》の役、弘安《こうあん》の役と2度のモンゴル軍襲来に見舞われた際には、伊勢神宮に祈願して敵国降伏を願ったという。また、徳政を進めたほか、評定制を改革するなどの成果を上げた。その後、幕府との不和を原因に出家し、南禅寺《なんぜんじ》を創建。晩年は禅宗に深く帰依し、54歳で崩御した。

第91代
後宇多《ごうだ》天皇

生 1267～1324
在 1274～1287

亀山天皇の第2皇子。6歳で即位したのち、13年在位した。譲位後、一時は政治から離れたが、自身の第1皇子である後二条天皇が即位すると院政を開始。後二条が譲位するまでの7年間、国政を動かした。1307年に出家すると、住居を大覚寺に移し密教の研究に専念。多くの著述を残し、中でも大覚寺所蔵の『御手印遺告《おていんゆいごう》』は国宝に指定されている。

第92代
伏見《ふしみ》天皇

生 1265～1317 在 1287～1298

後深草天皇の第2皇子。母は洞院愔子《とういんいんし》。在位2年目に浅原為頼《あさはらためより》一族による天皇暗殺未遂事件が起こり、持明院統と大覚寺統の溝が深まった。書道『伏見院流』の祖。

第93代
後伏見《ごふしみ》天皇

生 1288～1336 在 1298～1301

伏見天皇の第1皇子。母は五辻経子《いつつじつねこ》。11歳で即位するも、3年後に大覚寺統の後二条天皇へ譲位し出家。弟が花園天皇として即位した後、復帰して院政を敷いた。

第94代
後二條《ごにじょう》天皇

生 1285～1308 在 1301～1308

後宇多天皇の第1皇子。持明院統と大覚寺統の争いが激化し、大覚寺党内でも分裂が起こる中、疫病を患い在位7年目に崩御。歌集『後二条院御集』を残した。

第95代
花園《はなぞの》天皇

生 1297～1348
在 1308～1318

伏見天皇の第3皇子。母は洞院季子。両統迭立時代における持明院統の天皇で、大覚寺統の後醍醐天皇に譲位した。幼少より学問を好んだといい、譲位後は量仁親王（のちの光厳天皇）の養育に力を注ぎ、禅宗への深い信仰のもと出家した。また、和漢の学に通じ、『風雅和歌集』の監修を行った。日記『花園院宸記《はなぞのいんしんき》』は鎌倉時代末期を知る上での重要史料とされる。

第96代
後醍醐《ごだいご》天皇

生 1288〜1339 **在** 1318〜1339

後宇多天皇の第2皇子。母は五辻忠子《いつつじちゅうし》。生涯をかけて、武家政権を倒し天皇専制を確立することを目指した。一度は討幕計画が露呈し隠岐《おき》に配流されたが、1333年に幕府側だった足利尊氏《あしかがたかうじ》を味方につけ鎌倉幕府に攻め入り、討幕に成功する。戦ののち、天皇親政による建武《けんむ》の新政を開始するが、政権の支柱であった武家勢力をないがしろにした貴族中心主義の新政権はすぐに破綻。足利尊氏が反旗を翻し、幕府側へ寝返り窮地に立たされた。足利尊氏との戦に敗北すると、三種の神器を携えて吉野へ逃れ、大覚寺統による南朝を開いた。一方、足利尊氏は入京して室町幕府を開き、南北朝時代が始まった。

護良《もりよし》親王とは？

後醍醐天皇の第一皇子。出家して三千院（梶井門跡）に入室し、尊雲法親王《そううんほっしんのう》と号した。翌年、天台座主となり大《おお》塔宮《とうのみや》と称される。父の後醍醐天皇の倒幕運動に協力し、元弘《げんこう》元年（1331）の元弘の乱の際に還俗《げんぞく》して挙兵、建武の新政で征夷大将軍となった。しかし、足利尊氏と反目して鎌倉に幽閉され、建武《けんむ》2年（1335）の中先代の乱の際、わずか28歳で殺害された。

第97代
後村上《ごむらかみ》天皇

生 1328〜1368 **在** 1339〜1368

後醍醐天皇の第7皇子。北畠顕家《きたばたけあきいえ》とともに陸奥《むつ》に行き東北地方を統治。その後、南朝の京都回復をはかるが、後《ご》光厳《こうごん》天皇を擁立した足利義詮《よしあきら》に阻まれた。

第98代
長慶《ちょうけい》天皇

生 1343〜1394 **在** 1368〜1383

後村上天皇の第1皇子。即位時には、南朝は衰微の一途をたどっていた。事績はほとんど伝わっておらず、大正以前の『皇統譜《こうとうふ》』にも未加入だった。

第99代
後亀山《ごかめやま》天皇

生 ?〜1424 **在** 1383〜1392

後村上天皇の第2皇子。南朝最後の天皇。足利義満《よしみつ》が提示した講和条件に従い南北朝合一がなり退位するも、両朝迭立《てつりつ》が守られなかったため吉野へ出奔し、後に帰洛した。

北朝第1代
光嚴《こうごん》天皇

生 1313〜1364 **在** 1331〜1333

後伏見天皇の第1皇子。北朝初代の天皇。室町幕府の発足とともに院政を開始。戦乱の中、南朝方に捕らえられ、約5年間の軟禁生活を送った。

北朝第2代
光明《こうみょう》天皇

生 1322〜1380 **在** 1336〜1348

後伏見天皇の第9皇子。光厳上皇の院宣により即位。建武の新政に破れた後醍醐天皇によって三種の神器は持ち去られていたため、神器不在で即位した。

北朝第3代
崇光《すこう》天皇

生 1334〜1398 **在** 1348〜1351

光厳天皇の第1皇子。即位後ほどなくして観応《かんのう》の擾乱《じょうらん》が勃発し、光厳・光明両上皇とともに南朝方に幽閉された。伏見仙洞《せんとう》にて崩御。

北朝第4代
後光嚴《ごこうごん》天皇

生 1338〜1374 **在** 1352〜1371

光厳天皇の第2皇子。母は三条秀子。南朝に崇光天皇、光厳・光明両上皇が連れ去られたため、幕府によって擁立され即位。譲位の際には、崇光上皇と対立した。

※**生** 生没年 **在** 在位した年数（いずれも西暦）

北朝第5代
後円融《ごえんゆう》天皇

生 1398~1393 在 1371~1382

後光厳天皇の第2皇子。譲位後は院政を開始するも、実権は足利義満が握っており活躍の場はなかった。義満の斡旋により、南北朝の合一がなった。

北朝第6代／第100代
後小松《ごこまつ》天皇

生 1377~1433 在 1382~1392 南 1392~1412

後円融天皇の第1皇子。南朝の後亀山天皇から三種の神器を受け取り、南北両朝が合一した後の初の天皇となった。称光天皇に譲位後、院政を行った。

第101代
称光《しょうこう》天皇

生 1401~1428 在 1412~1428

後小松天皇の第1皇子。母は日野資子《ひのすけこ》。病身のため跡継ぎができず、崇光上皇の曽孫を養子に迎え譲位。その間、大覚寺統の支持者と対立を繰り返した。

第102代
後花園《ごはなぞの》天皇

生 1419~1470 在 1428~1464

伏見宮貞成親王の第一皇子で、北朝の崇光天皇の曽孫。在位中は各地で土一揆が頻発し、永享の乱や嘉吉の乱などの政変が起きた。在位36年で譲位し、出家した。

第103代
後土御門《ごつちみかど》天皇

生 1442~1500 在 1464~1500

後花園天皇の第1皇子。朝廷儀式の再興に努めるも、財源の枯渇により困難を極めたという。即位した3年後に応仁《おうにん》の乱が勃発し、時代は戦国の世へと向かった。

第104代
後柏原《ごかしわばら》天皇

生 1464~1526 在 1500~1526

後土御門天皇の第1皇子。戦国時代で財政が乏しく、在位22年目にようやく即位礼を行った。痘瘡流行の際には般若心経《はんにゃしんぎょう》を書写して万民の安穏を祈念したという。

第105代
後奈良《ごなら》天皇

生 1496~1557 在 1526~1557

後柏原天皇の第2皇子。在位中は皇室がもっとも衰微した時代で、即位から10年後に後北条、今川、大内ら諸大名の献金によってようやく即位礼を挙げた。

第106代
正親町《おおぎまち》天皇

生 1517~1593 在 1557~1586

後奈良天皇の第2皇子。毛利元就《もうりもとなり》の援助により即位礼を行い、その後、天下統一を目指す織田信長《おだのぶなが》や豊臣秀吉《とよとみひでよし》の援助を受け、皇室の権威維持に努力した。

第107代
後陽成《ごようぜい》天皇

生 1572~1617 在 1586~1611

誠仁《さねひと》親王の第1皇子で、正親町天皇の孫。豊臣秀吉の皇室奉戴政策で朝廷の尊厳を回復するも、徳川家康の干渉に耐えかねて譲位。崩御するまで院政を敷いた。

第108代
後水尾《ごみずのお》天皇

生 1596~1680
在 1611~1629

後陽成天皇の第3皇子。在位中は幕府による朝廷の権威や特権に対する干渉が著しく、中でも、朝廷から大徳寺などの高僧に紫衣《しえ》を授与することを幕府が規制し、これに抗議した大徳寺《だいとくじ》の沢庵らを処罰した「紫衣事件」は、朝廷に対する幕府の優越を示す歴史的な事件となった。後水尾天皇は、これら幕府の圧迫に対する不満から譲位し、その後4代にわたって院政を行った。

第109代
明正《めいしょう》天皇

生 1623~1696 在 1629~1643

後水尾天皇の第2皇女で、徳川秀忠の孫。後水尾天皇の譲位により7歳で即位。奈良時代の称徳天皇以来、859年ぶりの女帝だった。

第110代
後光明《ごこうみょう》天皇

生 1633～1654 **在** 1643～1654

後水尾天皇の第4皇子。11歳で即位したが、在位全期を通して後水尾上皇が院政を敷いた。仏教を好まず、儒学を重んじたという。漢詩集『鳳啼集《ほうていしゅう》』を残した。

第111代
後西《ごさい》天皇

生 1637～1685 **在** 1654～1663

後水尾天皇の第8皇子。即位後、明暦《めいれき》の大火や御所炎上などの凶事が続いたこともあり、在位10年で譲位。歌集『水日集《すいじつしゅう》』、日記『後西院御記』などがある。

第112代
霊元《れいげん》天皇

生 1654～1732 **在** 1663～1687

後水尾天皇の第19皇子。長い間廃絶していた大嘗祭・立太子式などの朝儀を復興。在位23年で譲位し、院政を行った。和歌や漢詩、書道、絵画をよくしたという。

第113代
東山《ひがしやま》天皇

生 1675～1709 **在** 1687～1709

霊元天皇の第4皇子。幕府と良好な関係を結び、室町末期から途絶えていた立太子礼と大嘗祭を再興。在位中は元禄《げんろく》文化が花開いた時期だった。

第114代
中御門《なかみかど》天皇

生 1701～1737 **在** 1709～1735

東山天皇の第5皇子。幕府と良好な関係を築き、弟の直仁《なおひと》親王に閑院宮《かんいんのみや》家を創立させた。在位期間は将軍吉宗《よしむね》や新井白石《あらいはくせき》が活躍した時代にあたる。

第115代
桜町《さくらまち》天皇

生 1720～1750 **在** 1735～1747

中御門天皇の第1皇子。朝儀の再興に心血を注ぎ、父・中御門天皇の時代には行われなかった大嘗祭《だいじょうさい》のほか、上七社への奉幣や新嘗祭《にいなめさい》なども復活させた。

第116代
桃園《ももぞの》天皇

生 1741～1762 **在** 1747～1762

桜町天皇の第1皇子。皇室の権威回復を説いた垂加《すいか》神道に傾倒した公家から『日本書紀』の進講を受けたため、関白一条道香らは天皇の近臣を処罰した。

第117代
後桜町《ごさくらまち》天皇

生 1740～1813 **在** 1762～1770

桜町天皇の第2皇女。桃園天皇の崩御後、皇嗣が幼少だったため中継ぎとして即位。譲位後は上皇として補佐に努め、国母と称えられた。

第118代
後桃園《ごももぞの》天皇

生 1758～1779 **在** 1770～1779

桃園天皇の第1皇子。13歳で即位したが、病弱だったこともあり業績を残せないまま21歳で崩御。後継の男子がなく、閑院宮家から養子を迎えた。

第119代
光格《こうかく》天皇

生 1771～1840 **在** 1779～1817

閑院宮典仁《すけひと》親王の第6皇子。父への尊号贈呈をめぐり幕府と衝突した「尊号事件」は、後の尊王思想に大きな影響を与えた。譲位後は院政を23年間行った。

第120代
仁孝《にんこう》天皇

生 1800～1846 **在** 1817～1846

光格天皇の第6皇子。幕府の許可を得て、御所の建春門《けんしゅんもん》外に皇族や公家の師弟に向けた教育機関の創設を計画。これは現在の学習院の前身となった。

第121代
孝明《こうめい》天皇

生 1831～1866 **在** 1846～1866

仁孝天皇の第4皇子。公武合体を目指し朝廷内の討幕派を一掃するも、病に倒れ崩御。やがて朝廷内は討幕開国派が有利になり、維新への流れが強まった。

※ **生** 生没年 **在** 在位した年数（いずれも西暦）

Column-05

天皇家と紀《き》伊《い》山地

天皇家と紀伊山地の関わりは初代神《じん》武《む》天皇にさかのぼる。長髄彦《ながすねひこ》に敗れた神武天皇は、太陽を背にして戦うために熊野から上陸し、紀伊山地を縦断して大和《やまと》に入ったとされる。

また、熊野は伊邪那美神《いざなみのかみ》が葬られたところともされ、皇室とはゆかりのある場所であった。平安後期の上皇たちが繰り返し熊野三山を詣でたことは先に述べたとおりだ。

吉野と天皇家の関わりも古く、持統天皇や宇多天皇が吉野行幸を行ったほか、本章で解説したとおり南北朝時代には南朝が置かれ、歴史の舞台となった。

意外に知られていないことだが、皇室は高野山《こうやさん》とも縁が深い。

奥之院の弘法大師御廟《ごびょう》の前には燈籠堂という無数の燈籠が下がった堂があるが、この中に古来有名な白河燈という燈明（燈籠）がある。これは白河上皇がともした明かりだとされている。

白河上皇の高野山行幸《ぎょうこう》については、このほかにも話がある。麓から山上までの参道には町石《ちょういし》という石造の塔婆が1町ごとに立てられているのだが、白河上皇はその一つ一つに祈念しながら登られたという。

このほか鳥羽上皇・後白河上皇も登拝されている。

興味深いのは奥之院にある霊元天皇歯塔以下二十四塔だ。ここには霊元天皇から孝明天皇までの髪や歯、爪などが納められているという。

高野山遠望。高野山は空海によって拓かれた真言密教の根本道場。18世紀には1000の寺院が存在していた。山上の宗教都市である。

写真提供：公益社団法人和歌山観光連盟

第六章

近代の幕開けと天皇家

国家神道を推し進めた明治政府は神仏分離令を布告。
日本における近代の幕開けは、
神仏習合の終焉とともに始まった。

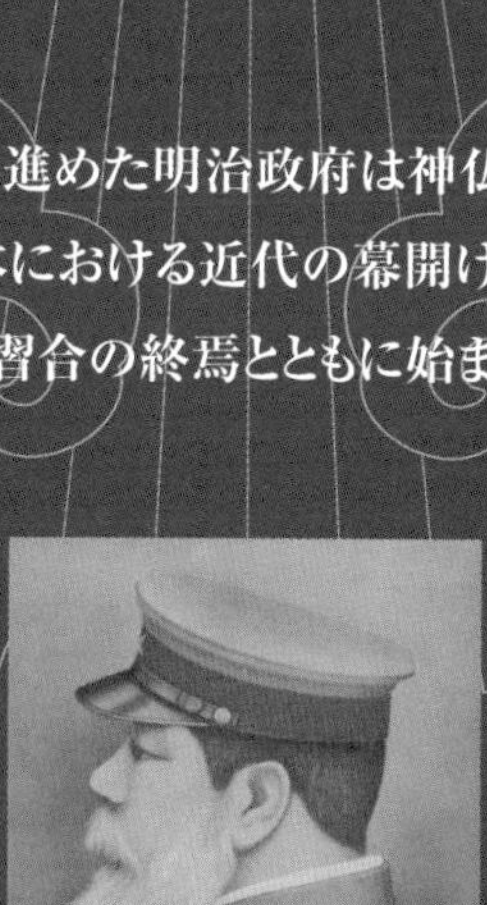

『皇国紀元二千六百年史』（国立国会図書館蔵）より「明治天皇御尊影」。第122代明治天皇は、王政復古の大号令により中央集権体制を推し進めた。

第六章の時代背景

王政復古から現代へ

第122代明治天皇～第126代今上天皇

王政復古の大号令と神社の復権

慶応《けいおう》3年（1867）12月、明治天皇は王政復古の大号令を発した。これは単に幕府を廃して政権を天皇に戻すということではない。武士政権のみならず、摂政・関白すら否定して、古代の天皇が行っていたような天皇親政に戻すということである。これは日本人の意識を根底から変える大改革であった。

明治政府は王政復古が掛け声倒れにならぬよう手を打っていった。その一つが神仏分離であった。仏教的価値観が染みついた宗教界をリセットし、天皇中心の価値観・歴史観を普及させようとした。そこで重視されたのが神社であった。

明治政府は古代の神祇官制度を復活させて神社を国の管轄のもと

『大正天皇御大葬奉送誌』（国立国会図書館）より大正天皇の尊影。明治33年（1900）、皇太子時代の大正天皇と九条節子さま（後の貞明皇后）の東京大神宮で行われた結婚式が、神前結婚式の始まりとされる。

におくとともに、神武《じんむ》天皇即位の地に橿原《かしはら》神宮を創建するなどして「天皇神話」を補強していった。吉野神宮や平安神宮も同様の意図をもって建てられた神社といえる。しかし、大正期に入ると、庶民の信仰がそうした歴史観にも忍び込んでくる。

その先駆けは明治神宮であろう。明治神宮の創建が決まると全国から献木が集まり、現在見るような鬱蒼《うっそう》とした森の元ができたのである。庶民の熱意が神社の形を変えたともいえる。

東京大神宮の例も興味深い。いわゆる神前結婚は大正天皇の結婚式を元にこの神社が創始したのであるが、ご成婚ブームにのって一気に普及した。これによって神社は結婚式の場所としても認知されるようになったのである。

明治天皇と昭憲皇太后

明治神宮《めいじじんぐう》

←外拝殿。明治神宮の社殿は伊藤忠太《いとうちゅうた》の設計により大正9年（1920）に完成したが、空襲でほぼ全焼してしまった。現在の建物は角南隆《すなみたかし》の設計により昭和33年（1958）に再建された。総檜素木造。

↑社殿の周囲に広がる明治神宮の森。約70万平方メートルある。原生林のように見えるが、奉献された10万本の樹木によって作られた人工林だ。

御創建百年を迎える まごころを継ぐ神社

明治神宮は明治天皇と皇后の昭憲皇太后を祀っている。

明治45年（1912）に明治天皇が崩御されると、都を東京に移し日本の近代化を成し遂げた天皇の遺徳を追慕・顕彰する気運が高まり、神社創建が計画された。これを受けて国会でも決議がなされ、国を挙げての神社創建が決まった。

令和2年（2020）、創建されてから百年を迎える。

明治神宮《めいじじんぐう》

- 明治天皇、昭憲皇太后
- 東京都渋谷区代々木神園町1-1
- 03-3379-5511
- JR原宿駅より徒歩約1分、または東京メトロ明治神宮前〈原宿〉駅より徒歩約1分

大正天皇と神前結婚式

東京大神宮《とうきょうだいじんぐう》

鳥居越しに神門・拝殿を望む。伊勢神宮の神様と造化の三神、倭《やまと》比《ひ》賣命《めのみこと》を祀ることから「東京のお伊勢さま」と称される。境内社の飯富稲荷神社は芸能の神様として有名。

神前結婚式創始の神社である「東京のお伊勢さま」

明治13年（1880）に伊勢神宮の遥拝殿として日比谷に創建され、当初は日比谷大神宮と呼ばれていた。昭和3年（1928）に現在地に移り飯田橋大神宮となり、戦後に社名を東京大神宮と改めた。明治33年（1900）に宮中三殿の賢所で行われた大正天皇（当時は皇太子）の御結婚の礼をもとに神前結婚式を創始し、広めたことで知られる。この由緒から縁結びの神社として信仰を集めている。

東京大神宮《とうきょうだいじんぐう》

- 天照皇大神、豊受大神、天之御中主神、高御産巣日神、神産巣日神、倭比賣命
- 東京都千代田区富士見2-4-1
- 03-3262-3566
- JR・東京メトロ・都営地下鉄飯田橋駅より徒歩約5分

明治以降に創建された天皇を祀る神社

近世までの日本人は神仏習合を前提とした宗教観・歴史観になじんでいたが、天皇中心の国家建設を目指していた明治政府にとって、これは好ましいことではなかった。"正しい"日本の神話・歴史の認知を高めるため、政府は神話や歴史の舞台に記念碑的な神社を創建していった。

それらは大きく3期に分類できる。維新直後（鎌倉宮・北海道神宮など）、明治20年代（橿原神宮・平安神宮・吉野神宮など）、昭和10年代（隠岐神社・近江神宮など）である。

外院斎庭《げいんのゆにわ》に生える楠越しに内拝殿を望む。橿原神宮は神武天皇と媛蹈鞴《ひめたたら》五十鈴媛皇后《いすずひめこうごう》をご祭神として明治23年(1890)に創建された。

写真提供：一般財団法人奈良県ビジターズビューロー

⛩ 橿原神宮《かしはらじんぐう》

- 神武天皇(神日本磐余彦火火出見天皇)、媛蹈鞴五十鈴媛命
- 奈良県橿原市久米町934
- 0744-22-3271
- 近鉄橿原神宮前駅より徒歩約10分

神武天皇即位の地に国の始まりを偲ぶ

『古事記』『日本書紀』によれば、神武天皇は橿原宮《かしはらのみや》において即位され、第一代の天皇になられた。これは天《あま》照大神《てらすおおみかみ》が瓊瓊杵尊《ににぎのみこと》に命じられた豊葦原瑞穂国《とよあしはらみずほのくに》の統治が実現したことであり、文字通り画期的なことであった。『古事記』『日本書紀』が神武天皇以降を歴史時代（人代《ひとよ》）として記述しているのはこのためだ。

橿原神宮は、こうした神武天皇の偉業を讃えるため橿原宮址に創建された。社殿には明治天皇より下賜された京都御所の内待所（賢所《かしこどころ》）と神嘉殿《しんかでん》が用いられた。

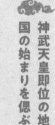

明治天皇が後醍醐天皇の偉業を讃えるため明治22年（1889）に創立。それに伴い吉水神社に祀られていた御尊像が奉安された。御本殿は北を向き一直線に突き抜けた鳥居の向こうには京都がある。

⛩ 吉野神宮《よしのじんぐう》

- 後醍醐天皇
- 奈良県吉野郡吉野町吉野山3226
- 0746-32-3088
- 近鉄吉野神宮駅より徒歩約20分

明治天皇が讃えた後醍醐《ごだいご》天皇の御霊《みたま》を祀る

明治天皇の王政復古は、後醍醐天皇の建武《けんむ》の中興の精神を受け継ぐものともいえる。

後醍醐天皇は日本の姿を正さんと、いく度となく苦しい選択を迫られながらも建武の中興を成し遂げた。

すべてを受け入れ突き進む姿はのちに不撓不屈・折れない心を持つ天皇と評されるようになる。

その志は五百年の時を超え明治の新政へと繋がっていった。吉野神宮は後醍醐天皇の遺勅により当時の都である京都を向き、今も日本の国と民を見守り続けている。

平安遷都1100年を記念して明治28年（1895）に桓武天皇をご祭神として創建。皇紀2600年にあたる昭和15年（1940）には孝明天皇も合祀された。

平安神宮神苑。総面積約33,000平方メートルで社殿を取り囲むように東・中・西・南の四つの庭からなる池泉回遊式庭園。7代目小川治兵衛らの作。

平安神宮《へいあんじんぐう》

桓武天皇、孝明天皇
京都府京都市左京区岡崎西天王町97
075-761-0221
JR京都駅よりバス約25分「平安神宮前」下車、徒歩約3分、または市営地下鉄東山駅より徒歩約10分

再現された平安京に祀られた桓武《かんむ》天皇

明治の初め頃、京都は幕末の争乱による被害と東京遷都の影響で沈滞した状況であった。そんな折りに浮上したのが平安遷都1100年を記念して桓武天皇を祀る神社を建てることであった。

創建にあたっては平安京の再現が意識され、社殿は朝堂院（国家的儀式を行う場）を8分の5で再現したものとなった。また、貴族の屋敷などに造られた庭園をモチーフとした広大な神苑も造られた。

京都三大祭の一つ、時代祭も平安神宮の創建とともに始められたものだ。

承久の乱の後に隠岐にお遷りになった後鳥羽天皇の遺徳を顕彰するために昭和14年(1939)に創建された。春と秋の例祭では天皇の御製(和歌)に曲と振りをつけた承久楽が奉納される。

隠岐神社《おきじんじゃ》

- 後鳥羽天皇
- 島根県隠岐郡海士町大字海士1784
- 08514-2-0464
- 菱浦港よりタクシー約8分

天智天皇の近江大津宮の跡地に建つ天智天皇をお祀りする神社。「百人一首」の巻頭歌が天智天皇御製であることから毎年1月に「かるた祭」が行われる。

写真提供:公益社団法人びわこビジターズビューロー

近江神宮《おうみじんぐう》

- 天智天皇(天命開別大神)
- 滋賀県大津市神宮町1-1
- 077-522-3725
- 京阪近江神宮前駅より徒歩約9分

地元の信仰に根差した天皇を祀る神社

江戸時代後期、後鳥羽《ごとば》上皇の墓所に後鳥羽院神社がつくられ、隠岐の島民によるお祭りが行われていた。しかし、明治に入り水無瀬神宮に後鳥羽院神社の御霊がお遷りになって以降、社殿は取り払われ、宮内庁が墓所を御陵の扱いとしたため、隠岐神社ができるまでお祭りは行われていない状態だったという。

また、近江大津宮《おおつのみや》を造られた天智《てんじ》天皇を顕彰する神社を建てることは明治20年代から考えられていたという。市をあげた請願運動なども行われたが、創建は昭和15年(1940)になった。

歴代天皇総覧⑥ 第122代明治天皇～第126代今上天皇

近代を迎え、新しい天皇像を示した明治天皇。そして激動の時代を経て、天皇は今も「象徴」として国民とともにある。

第122代
明治《めいじ》天皇

生 1852～1912
在 1867～1912

孝明《こうめい》天皇の第2皇子。即位後、王政復古の大号令のもと新政府が誕生。西郷隆盛《さいごうたかもり》や大久保利通《おおくぼとしみち》、伊藤博文《いとうひろぶみ》らにより立憲君主国としての大日本帝国が確立した。大日本国憲法では、天皇は国家元首と定められ、巨大な権限が付与された。

第123代
大正《たいしょう》天皇

生 1879～1926
在 1912～1926

明治天皇の第3皇子。病弱な体質に生涯を通して悩まされた。家族を非常に慈しみ、初めて皇室に一夫一婦制を導入。明治45年（1912）、明治天皇が崩御すると皇位を継承し大正と改元。大正15年に心臓麻痺により崩じた。

第124代
昭和《しょうわ》天皇

生 1901～1989
在 1926～1989

大正天皇の第1皇子。即位後は、太平洋戦争突入から敗戦と、大日本帝国崩壊へ向かう激動の時代だった。戦後は、日本各地を巡行し、国民統合の象徴として日本の復興に寄与。生物学を好み、学者天皇としても知られた。

第125代
上皇《じょうこう》陛下

生 1933～
在 1989～2019

昭和天皇の第1皇子。民間から初めて皇室に嫁いだ正田《しょうだ》美智子《みちこ》さんと結婚。皇太子時代から精力的に公務に勤しみ、これまでに47都道府県のすべてを訪問。欧米歴訪のほか、硫黄島やサイパン、パラオ、フィリピンなど、昭和天皇が果たせなかった慰霊の旅を続けた。平成31年（2019）、光格《こうかく》天皇以来約200年ぶりの譲位を行った。

第126代
今上《きんじょう》天皇

生 1960～
在 2019～

上皇陛下の第1皇子。学習院大学および同大学院を経て、オックスフォード大学に2年間留学。帰国後、学習院大学に復学した。昭和天皇崩御により皇太子となり、平成5年（1993）に外務省職員だった小和田雅子《おわだまさこ》さんと結婚。平成13年（2001）に長女・敬宮愛子《としのみやあいこ》内親王が誕生した。令和元年（2019）5月1日、125代天皇の譲位により皇位を継承された。

『歴代天皇肖像画』提供：彌彦神社（▶p160）／今上天皇写真提供：朝日新聞社

初代神武天皇から126代
天皇系図

高天原《たかまのはら》より天降った天照大御神《あまてらすおおみかみ》の孫、瓊瓊杵《ににぎの》尊《みこと》の曾孫が初代神武《じんむ》天皇として橿原宮《かしはらのみや》で即位。以来、天皇家は時代ごとに変遷しながら、現在の象徴天皇制に至っている。

1 神武《じんむ》天皇 前六六〇—五八五
2 綏靖《すいぜい》天皇 前五八一—四九
3 安寧《あんねい》天皇 前五四九—一一
4 懿徳《いとく》天皇 前五一〇—四七七
5 孝昭《こうしょう》天皇 前四七五—三九三
6 孝安《こうあん》天皇 前三九二—二九一
7 孝靈《こうれい》天皇 前二九〇—一五
8 孝元《こうげん》天皇 前二一四—一五八
9 開化《かいか》天皇 前一五八—九八
10 崇神《すじん》天皇 前九七—三〇
11 垂仁《すいにん》天皇 前二九—後七〇
12 景行《けいこう》天皇 七一—一三〇

大和時代

13 成務《せいむ》天皇 一三一—九〇
日本武尊《やまとたけるのみこと》
14 仲哀《ちゅうあい》天皇 一九二—二〇〇
15 應神《おうじん》天皇 二七〇—三一〇
16 仁徳《にんとく》天皇 三一三—九九
17 履中《りちゅう》天皇 四〇〇—五
18 反正《はんぜい》天皇 四〇六—一〇
19 允恭《いんぎょう》天皇 四一二—五三
20 安康《あんこう》天皇 四五三—六
21 雄略《ゆうりゃく》天皇 四五六—七九
22 清寧《せいねい》天皇 四八〇—四
23 顯宗《けんぞう》天皇 四八五—七
24 仁賢《にんけん》天皇 四八八—九八
25 武烈《ぶれつ》天皇 四九八—五〇六
26 繼體《けいたい》天皇 五〇七—三一
27 安閑《あんかん》天皇 五三一—五
28 宣化《せんか》天皇 五三五—九
29 欽明《きんめい》天皇 五三九—七一

Ⓐ Ⓑ Ⓒ

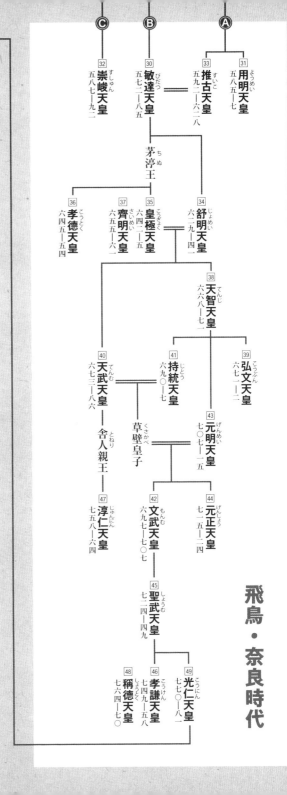

飛鳥・奈良時代

Ⓐ Ⓑ Ⓒ

- 31 用明《ようめい》天皇 五八五―七
- 33 推古《すいこ》天皇 五九二―六二八
- 30 敏達《びだつ》天皇 五七二―八五
- 32 崇峻《すしゅん》天皇 五八七―九二
- 茅渟《ちぬ》王
- 34 舒明《じょめい》天皇 六二九―四一
- 35 皇極《こうぎょく》天皇 六四二―五
- 37 齊明《さいめい》天皇 六五五―六一
- 36 孝徳《こうとく》天皇 六四五―五四
- 38 天智《てんじ》天皇 六六八―七一
- 39 弘文《こうぶん》天皇 六七一―二
- 41 持統《じとう》天皇 六九〇―七
- 40 天武《てんむ》天皇 六七三―八六
- 43 元明《げんめい》天皇 七〇七―一五
- 草壁皇子《くさかべ》
- 舎人親王《とねり》
- 47 淳仁《じゅんにん》天皇 七五八―六四
- 44 元正《げんしょう》天皇 七一五―二四
- 42 文武《もんむ》天皇 六九七―七〇七
- 45 聖武《しょうむ》天皇 七二四―四九
- 49 光仁《こうにん》天皇 七七〇―八一
- 46 孝謙《こうけん》天皇 七四九―五八
- 48 稱徳《しょうとく》天皇 七六四―七〇

平安時代（前期）

- 50 桓武《かんむ》天皇 七八一―八〇六
- 51 平城《へいぜい》天皇 八〇六―九
- 52 嵯峨《さが》天皇 八〇九―二三
- 53 淳和《じゅんな》天皇 八二三―三三
- 54 仁明《にんみょう》天皇 八三三―五〇
- 55 文徳《もんとく》天皇 八五〇―八
- 58 光孝《こうこう》天皇 八八四―七
- 56 清和《せいわ》天皇 八五八―七六
- 59 宇多《うだ》天皇 八八七―九七
- 57 陽成《ようぜい》天皇 八七六―八四
- 60 醍醐《だいご》天皇 八九七―九三〇
- 61 朱雀《すざく》天皇 九三〇―四六
- 62 村上《むらかみ》天皇 九四六―六七

Ⓓ

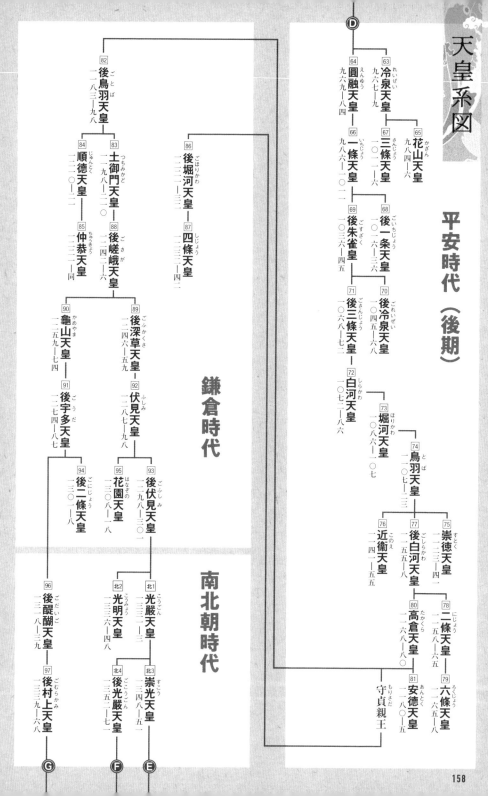

天皇系図

D

平安時代（後期）

63 冷泉《れいぜい》天皇 九六七―九

64 圓融《えんゆう》天皇 九六九―八四

65 花山《かざん》天皇 九八四―六

66 一條《いちじょう》天皇 九八六―一〇一一

67 三條《さんじょう》天皇 一〇一一―六

68 後一条《ごいちじょう》天皇 一〇一六―三六

69 後朱雀《ごすざく》天皇 一〇三六―四五

70 後冷泉《ごれいぜい》天皇 一〇四五―六八

71 後三條《ごさんじょう》天皇 一〇六八―七二

72 白河《しらかわ》天皇 一〇七二―八六

73 堀河《ほりかわ》天皇 一〇八六―一一〇七

74 鳥羽《とば》天皇 一一〇七―二三

75 崇徳《すとく》天皇 一一二三―四一

76 近衛《このえ》天皇 一一四一―五五

77 後白河《ごしらかわ》天皇 一一五五―八

78 二條《にじょう》天皇 一一五八―六五

79 六條《ろくじょう》天皇 一一六五―八

80 高倉《たかくら》天皇 一一六八―八〇

81 安徳《あんとく》天皇 一一八〇―五

守貞《もりさだ》親王

鎌倉時代

82 後鳥羽《ごとば》天皇 一一八三―九八

83 土御門《つちみかど》天皇 一一九八―一二一〇

84 順徳《じゅんとく》天皇 一二一〇―二一

85 仲恭《ちゅうきょう》天皇 一二二一―同

86 後堀河《ごほりかわ》天皇 一二二一―三二

87 四條《しじょう》天皇 一二三二―四二

88 後嵯峨《ごさが》天皇 一二四二―六

89 後深草《ごふかくさ》天皇 一二四六―五九

90 龜山《かめやま》天皇 一二五九―七四

91 後宇多《ごうだ》天皇 一二七四―八七

92 伏見《ふしみ》天皇 一二八七―九八

93 後伏見《ごふしみ》天皇 一二九八―一三〇一

94 後二條《ごにじょう》天皇 一三〇一―八

95 花園《はなぞの》天皇 一三〇八―一八

南北朝時代

96 後醍醐《ごだいご》天皇 一三一八―三九

97 後村上《ごむらかみ》天皇 一三三九―六八

北1 光嚴《こうごん》天皇 一三三一―三

北2 光明《こうみょう》天皇 一三三六―四八

北3 崇光《すこう》天皇 一三四八―五一

北4 後光嚴《ごこうごん》天皇 一三五二―七一

G F E

室町時代〜安土桃山時代

江戸時代

近現代

G

99 後亀山天皇 ごかめやま 一三八三〜九二
98 長慶天皇 ちょうけい 一三六八〜八三

F

北5 後円融天皇 ごえんゆう 一三七一〜八二
100 後小松天皇 ごこまつ 一三八二〜一四一二
101 称光天皇 しょうこう 一四一二〜二八

E

102 後花園天皇 ごはなその 一四二八〜六四
103 後土御門天皇 ごつちみかど 一四六四〜一五〇〇
104 後柏原天皇 ごかしわばら 一五〇〇〜二六
105 後奈良天皇 ごなら 一五二六〜五七
106 正親町天皇 おおぎまち 一五五七〜八六
107 後陽成天皇 ごようぜい 一五八六〜一六一一
108 後水尾天皇 ごみずのお 一六一一〜二九
109 明正天皇 めいしょう 一六二九〜四三
110 後光明天皇 ごこうみょう 一六四三〜五四
111 後西天皇 ごさい 一六五四〜六三

112 霊元天皇 れいげん 一六六三〜八七
113 東山天皇 ひがしやま 一六八七〜一七〇九
114 中御門天皇 なかみかど 一七〇九〜三五
115 桜町天皇 さくらまち 一七三五〜四七
116 桃園天皇 ももぞの 一七四七〜六二
117 後桜町天皇 ごさくらまち 一七六二〜七〇
118 後桃園天皇 ごももぞの 一七七〇〜七九
119 光格天皇 こうかく 一七七九〜一八一七
120 仁孝天皇 にんこう 一八一七〜四六
121 孝明天皇 こうめい 一八四六〜六六

122 明治天皇 めいじ 一八六七〜一九一二
123 大正天皇 たいしょう 一九一二〜二六
124 昭和天皇 しょうわ 一九二六〜八九
125 上皇陛下 じょうこう 一九八九〜二〇一九
126 今上天皇 きんじょう 二〇一九〜

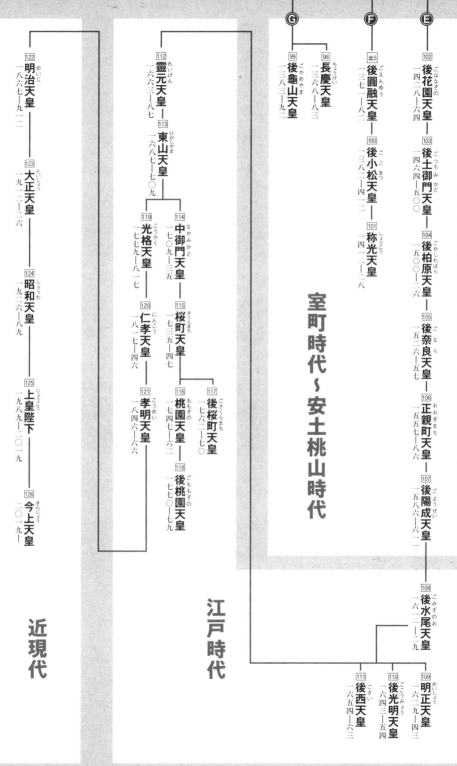

渋谷申博（しぶや のぶひろ）

1960年、東京生まれ。早稲田大学第一文学部卒。日本宗教史研究家。『日本の古寺を知る事典』（三笠書房）、『眠れなくなるほど面白い 図解 仏教』（日本文芸社）、『諸国神社 一宮・二宮・三宮』（山川出版社）、『歴史さんぽ 東京の神社・お寺めぐり』『神々だけに許された地 秘境神社めぐり』『聖地鉄道めぐり』『一生に一度は参拝したい 全国の神社めぐり』『一生に一度は参拝したい 全国のお寺めぐり』（以上、当社刊）ほか著書多数。

STAFF

編　集　小芝俊亮（G.B.）
編集協力　平谷悦郎、加藤久美子
営　業　峯尾良久（G.B.）

デザイン　山口喜秀（Q.design）
装　丁　市川しなの（Q.design）
D T P　G.B. Design House

本書を執筆するにあたって、各寺院の縁起書・パンフレット・公式HPなどを参照させていただきました。紙幅の関係でそれらを列挙することはできません。

関係者の皆さまにはこの場をもってお詫びいたしますとともに、篤く感謝いたします。

※本来「天皇家」という言葉はありませんが、神武天皇以来の皇統を表す意味で、本書では「皇室」ではなく、現在のタイトルといたしました。ご了承ください。

※本書掲載の「歴代天皇肖像画」は彌彦神社境内にある宝物館に収蔵されています。

彌《や》彦神社《ひこじんじゃ》

天照大御神の曾孫で、神武天皇を助けた高倉下命と同一神とされる天香山命を祀る越後国一宮。古くから朝廷や時の幕府から篤く崇敬されてきた。

彌彦神社拝殿

宝物館内部

全国 天皇家ゆかりの神社・お寺めぐり

初版発行　2020年2月10日

著　者　渋谷申博

発行人　坂尾昌昭
編集人　山田容子
発行所　株式会社G.B.
〒102-0072　東京都千代田区飯田橋4-1-5
電話　03-3221-8013（営業・編集）
FAX　03-3221-8814（ご注文）
http://www.gbnet.co.jp

印刷所　音羽印刷株式会社

ISBN 978-4-906993-83-3